JN441262

폴란드어 문법
JĘZYK POLSKI

증보판

폴란드어 문법

JĘZYK POLSKI

| 김지영 · 고승희 지음 |

HU:

머리말

21세기를 살고 있는 지구촌 사람들에게 모국어, 영어 이외에 제2외국어는 이제 필수에 가깝다. 그 가운데에 슬라브어는 정말 매력적인 언어이다. 동슬라브어의 중심인 러시아어와 어깨를 나란히 하고 있는 서슬라브어의 중심은 당연히 폴란드어이다. 특히 정치.외교적, 경제적 관점에서도 현재 중유럽의 중심이 바로 폴란드이다. 폴란드라는 국가는 한국과 비슷한 역사를 지니고 있다. 그래서 폴란드라는 나라, 언어, 역사, 문학, 문화를 배우면 배울수록 더욱 흥미를 갖게 됨은 물론이다. 그런데 그 관심을 갖고 알아가기에 가장 걸림돌이 되는 것이 바로 언어이다. 슬라브어는 전 세계적으로 배우기 어려운 언어로 손꼽히고 있기 때문이다. 끼릴 문자를 쓰고 있어서 생소하고 낯설게 느껴지는 러시아어와는 달리, 낯익은 로마 문자를 사용하고 있는 폴란드어는 좀 더 친근하게 다가갈 수 있을 것이다. 이에 더불어 한국어로 된 폴란드어 문법 학습 교재를 가지고 배운다면, 훨씬 쉽고 이해도를 높여가며 폴란드어 문법을 배울 수 있을 것이다.

이 교재는 폴란드어를 처음 배우는 이들에게, 특히 폴란드어 학과생들의 강의 syllabus에 맞게 짜여져 있다. 알파벳, 발음에 이어 음운규칙까지 가장 기본적인 음성, 음운론적인 것들을 배우고, 이어서 형태론과 문장론을 다루고 있다. 문법 자습서가 아니고 학습서이기 때문에 1학년 1년 과정의 문법 강의인 격변화와 동사 시제 변화까지를 1부에서 다루고 있고, 2학년 1년 과정은 뒤이어 동사 상을 시작으로 동사군, 법, 태, 여러 다양한 구문들을 2부에서 다루고 있다. 또한 각 강마다 문법 설명과 함께 필요한 연습문제를 수록하였다. 그래서 따로 연습문제 교재가 필요없이 이 문법서 한권으로 모든 것이 충분하게끔 만들어졌다. 또한 이 교재는 한국어로 설명이 되어있고, 각 강마다 문법 용어들을 폴란드어로 표기하고 있기 때문에, 폴란드어 원어로 된 문법서를 보게 될 때에도 쉽게 접근할 수 있을 것이다.

이 교재에 수록된 단어들과 문장들은 처음에는 무척 낯설고 암기하기 어려울 것이나, 기본적인 단어들과 기본 문장이기에 여러 번 학습하고 암기한다면 크게 도움이 될 것이다. 이 교재는 문법서이지만, 충분히 쓰기와 말하기에도 도움이 되는 책이 될 것이다.

2013년 2월 저자 일동

목차

폴란드어 문법
JĘZYK POLSKI 1부

폴란드어 문법
JĘZYK POLSKI 2부

폴란드어 문법

1부

01 폴란드어 알파벳과 발음

I. 폴란드어에 대한 기본 상식에 대해 알아보고...

폴란드어는 인도-유럽어족(Indo-European language family)의 슬라브어군(Slovonic subgroup)에 속한다.

이 슬라브어군의 최초 기록은 9세기 경 고대 불가리아어(Old Bulgarian)로 번역한 것으로 알려져 있다. 11세기 말부터 방언적 차이가 심화되어, 크게 동부, 서부 그리고 남부 방언으로 나뉘게 되는데, 동부방언에는 러시아어(Russian), 우크라이나어(Ukrainian), 백러시아어(Belo-Russian), 서부방언에는 폴란드어(Polish), 체코어(Czech), 슬로바키아어(Slovak), 소르비아어(Sorbian), 그리고 남부방언에는 세르비아어(Serbian), 크로아티아어(Serbo-Croatian), 슬로베니아어(Slovene), 불가리아어(Bulgarian)가 있다.

폴란드는 서기 966년 로마 가톨릭을 받아 들여 서유럽 문화권에 들게 되면서, 그 영향으로 라틴 문자를 사용하게 된다. 처음에는 외국에서 온 신부나 수도사들에 의해 기록되어지는 라틴어 문장에서 점차 문서에 폴란드의 장소나 인명이 라틴 문자로 표기되어졌다. 그리고 차츰 지식인들이 자기 나름대로 폴란드어 문장을 쓰기 시작하게 되었다. 폴란드어의 문자는 어떤 체계 하에 만들어진 것이 아니기 때문에, 중세 시대의 기록을 살펴보면 하나의 음을 각자 서로 다른 표기를 사용하고 있는 것을 쉽게 찾아 볼 수 있다. 라틴어의 24개 알파벳(초기에는 단지 20개 뿐이었다)보다 폴란드어가 더 많은 음(音)을 가지고 있기 때문에, 라틴 문자로 폴란드어의 모든 음을 나타내기에는 많은 어려움이 있었다. 그래서 현재 폴란드어에는 하나의 음을 두 자로 나타내거나, 특유한 기호를 사용하여 음을 표기하고 있다.

폴란드어는 르네상스와 종교개혁을 거쳐 근대적인 문어로 발전하면서, 18세기 후반에 생긴 "국가 교육 위원회" (Komisja Edukacji Narodowej)의 활동으로, 전국적으로 폴란드인들에게 폴란드어를 국어로 교육시키게 된다. 폴란드 국가가 멸망하고(1795년), 러시아, 프로이센, 그리고 오스트리아의 지배를 받으면서도, 19세기의 폴란드 문인(文人)들은 폴란드어로 창작 활동을 계속하는 등, 폴란드어는 폴란드인들에게 애국심을 고취시키는 매개체였다. 폴란드가 1918년 독립한 후, 폴란드어가 폴란드의 유일한 공용어가 되어 현재까지 사용되고 있다.

II. 알파벳

폴란드어는 모두 32개의 문자를 가지고 있다. 9개의 모음(발음은 8개)과 23개의 자음이다. 그리고 두 개의 문자를 합쳐 하나의 발음을 지닌 문자도 7개 있다.

알파벳	명칭	발음	알파벳	명칭	발음
A a	아	[ㅏ, a]	P p	페	[ㅍ. p]
Ą ą	옹	[옹, õ]	R r	에르	[ㄹ, r]
B b	베	[ㅂ, b]	S s	에스	[ㅅ, s]
C c	체	[ㅊ, ts]	Ś ś	에쉬	[시, ɕ]
Ć ć	치에	[치, tɕ]	T t	테	[ㅌ, t]
D d	데	[ㄷ, d]	U u	우	[ㅜ, u]
E e	에	[ㅔ, e]	W w	부	[ㅂ, v]
Ę ę	엥	[엥, ē]	Y y	이그렉	[ㅢ, ɨ]
F f	에프	[ㅍ, f]	Z z	젯	[ㅈ, z]
G g	기에	[ㄱ, g]	Ż ż	줴트(젯 스 크로프콩)	[주, ʒ]
H h	하	[ㅎ, x]	Ź ź	지에트(젯 스 크레스콩)	[지, ʑ]
I i	이	[ㅣ, i]			
J j	요트	[ㅣ:, j]			
K k	카	[ㅋ, k]	CH ch		[ㅎ, x]
L l	엘	[ㄹ, l]	DZ dz		[ㅈ, dz]
Ł ł	에우	[ㅜ:, w]	DŹ dź		[지, dʑ]
M m	엠	[ㅁ, m]	DŻ dż		[주, ʤ]
N n	엔	[ㄴ, n]	CZ cz		[추, ʧ]
Ń ń	에인	[니/인, ɲ]	SZ sz		[슈, ʃ]
O o	오	[ㅗ, o]	RZ rz		[주, ʒ]
Ó ó	오 크레스코바네	[ㅜ, u]			

우리가 보던 알파벳과 모양이 많이 비슷하다는 것을 느낄 수 있을 것이다.

영어 알파벳 A부터 Z까지. 쭈욱 비교해 보면, 빠진 알파벳 Q, V, X. 이 세 개의 문자는 폴란드어에서는 나타나지 않고 외래어에서만 표기된다.

어떠한 특유의 폴란드어 문자가 있는지 아래에 자세히 설명되어 있다.

알파벳 위에 빗금이 있는 글자들이 몇 개 있다.

ć[치], ń[니/인], ś[시], ź[지].

알파벳 l 가운데에 빗금을 그은 문자도 있다. ł[ㅜ/w]

알파벳 z 위에 온점을 찍은 문자도 있다. ż[주]

알파벳 a와 e에 꼬랑지를 붙인 문자들 ą, ę도 있다. 이것은 콧소리(비음)를 나타내는 모음의 문자이다. 주의할 것은 ą은 [앙]이 아니라 [옹]으로 발음된다는 것이다.

알파벳 o 위에 빗금을 덧붙여서 만든 문자 ó는 알파벳 u와 발음이 똑같다. 옛날 옛적엔 다른 발음이었으나 현대 폴란드어에서는 구분되지 않는다. 이 알파벳 발음들은 조금 뒤에 다시 찬찬히 살펴보겠다.

그리고 폴란드어 알파벳에는 두 개를 함께 써서 한 발음을 표기하는 문자도 여러 개가 있다.

CH ch
[ㅎ/x] - 이 문자도 알파벳 h와 발음이 같다.

<주의! 영어의 ‘church’의 발음이 결코 아니라는 것!>

DZ dz	DŹ dź	DŻ dż
[ㅈ/dz]	[지/dʑ]	[주/ʤ]

CZ cz	SZ sz	RZ rz
[추/ʧ]	[슈/ʃ]	[주/ʒ]

III. 발음

(자~ 이젠 듣고 따라서 발음해 봅시다~)

1. 모음

아, 에, 이, 오, 우! a, e, i, o, u / ó.

기본 모음 5개가 있다. 그리고 문자는 5개가 아닌 6개이다.

'우' 모음은 폴란드어 문자로 두 개(u, ó)가 있다. 현대 폴란드어에서는 발음의 차이가 없으므로, 단어 안에서 철자를 정확히 외워야 할 필요가 있다.

adres [아드레스] 주소

egzamin [에그자민] 시험

idea [이데아] 생각, 사상

oko [오코] 눈(eye)

ucho [우호] 귀

góra [구라] 산

알파벳 y는 개개인의 청취력에 따라 한국어의 '으', '이', '의' 등 각양각색으로 들린다. y의 발음은 한국어 '으' 발음 위치에서 '이' 발음을 하면 된다.

i는 앞에서 높게 나는 음이고, y는 뒤에서 낮게 나는 음이다.

그럼 구별해서 발음해 보고 들어보도록 하자.

bić [비치] 때리다

być [치] 이다(to be동사)

고대 슬라브어에 있던 비모음이 현재 폴란드어에서만 남아 있다.

비모음이 비모음 ą[옹], ę[엥]의 정확한 발음은 한국어의 '옹'과 '엥'이 아니다.

모음 '오'와 '에'를 한 다음 바로 콧소리로 넘어가야 한다. 즉 [oŋ]이 아니라 프랑스어 비모음과 비슷한 [õ] 발음이다.

그러나 현대 폴란드어에서는 이 비모음이 단어의 마지막 위치에 놓였을 경우에는 발음하지 않는다.

idę [이뎅/이데] (나는 걸어)가다

idą [이동/이도(우)] (그들은 걸어)가다

그리고 이 비모음 뒤에 어떤 자음이 오느냐에 따라, 그 뒤의 자음과 같은 발음인 '모음 + 비자음'으로 발음이 된다. 즉, 양순음-파열음인 p, b 앞에서의 비모음 ą, ę은 모음 o, e + 양순음-비자음인 m로; [om, em], 치음-파열음인 t, d와 치음-파찰음인 c, dz 앞에서는 모음 o, e + 치음-비자음인 n으로; [on, en], 후음-파열음인 k, g 앞에서는 모음 o, e + 후음-비자음인 ŋ으로; [oŋ, eŋ] 발음된다.

trąba [트롬바] 트럼펫

kąt [콘트] 모서리, 모퉁이

mąka [몽카] 밀가루

그리고 마찰음 (f, w, s, z, ś, ź, sz, rz, ż, ch) 앞에서만 비음 ą, ę이 정확히 발음된다.

wąs [봉스] 콧수염

węch [벵흐] 냄새

다음은 반모음, 반자음의 역할을 맡고 있는 j, ł의 설명이다.

이 두 문자는 단어 마지막에 위치하거나 모음 뒤에 오면, 앞서 알파벳 발음에서 본것과 같이 i와 u의 긴 모음으로 길게 발음한다.

ojciec [오이치에츠] 아버지

Michał [미하우] 미하우(남자이름)

만약 모음 앞에 위치한다면 한국어의 이중모음의 발음을 하면 된다.

폴란드어 음절에서는 반자음의 역할이다.

ja[야], je[예], jo[요], ju[유], ła[와], łe[웨] ło[워], ły[위] 등등.

주의할 것은 ji[이:], łu[우:], łó[우:]는 장모음으로 발음하면 된다.

jajko [야이코] 달걀

łaska [와스카] 친절

2. 자음

폴란드어는 자음의 언어이다.

영어를 이미 알고 있다면 알파벳의 발음을 정확히 잘 할 수 있을 것이다.

한국어로 'ㅍ'로 표기되었지만, p, f 차이를 설명하지 않아도, 두 문자의 발음의 차이도 정확히 잘 알고 발음할 수 있을 것이다.

마찬가지로 한국어 'ㅂ'로 표기되었지만, b, w 차이는 위와 동일하다.

그런데 영어와 다른 발음의 문자는 바로 W, w이다. 폴란드어의 이 발음은 영어의 [v] 음이다.

Warszawa [바르샤바] 바르샤바 (폴란드 수도)

wiza [비자] 비자

다음은 알파벳에 빗금이 있는 문자들의 발음이다. 이 빗금은 모음 i의 음가를 지닌 자음(연자음-부드러운 자음)으로 발음하면 된다.

miłość [미워시치] 사랑

<한국어 표기로 네 글자로 표현되었지만, 폴란드어 음절 구조로는 2음절이다.>

가장 어려운 발음이 한국어로 표기된 'ㅈ' 발음들이다: dz, z, dź, ź, dż, rz, ż

한국어의 'ㅈ' 발음은 폴란드어의 dz 발음이다.

알파벳 z는 영어와 같은 z 발음이다.

빗금이 있는 것은 i를 붙여주면 되니까, 한국어의 '지'는 바로 폴란드어의 dź 이다.

그리고 ź는 숨차서 발음 못할 때까지 낼 수 있는 [zi] '지' 발음이다.

그럼 구별해서 아래의 단어들의 발음해 보자.

dzwonek [즈보넥] 초인종

dziecko [지에츠코] 어린아이

zadanie [자다니에] 임무, 과제

źle [질레] 나쁘게

그럼, 남은 나머지 발음들이다: dż, rz, ż

이 음들은 모두 입술을 오므리고 하는 발음들이다.

dż[주] 발음은 혀 끝이 입천장에 붙었다가 떼면서 발음한다.
특히 이 dż는 외래어 단어들에서 나타난다.
rz와 ż는 똑같은 발음으로, 이번에는 혀 끝이 입천장에 붙지 않고 발음한다.

dżem [ ] 쨈
dżentelmen [틀멘] 신사, 틀맨
rzeka [줴카] 강
żaba [좌바] 개구리

위의 설명한 발음들을 다시 한 번 숙지하고, 다음 발음들을 구별하여 연습해 보자.

s - ś - sz   z - ź - ż (rz)
c - ć - cz   dz - dź - dż

kasa [카사] 계산대
Kasia [카시아] 카시아(여자이름)
kasza [카샤] 곡물

zona [조나] 대, 지대
źrebię [지레비에(엥)] 망아지, 조랑말
żona [죠나] 아내

car [차르] 차르, 황제
ciarki [치아르키] 소름(pl. 복수명사)
czar [촤르] 마법

dzwon [즈본] 벨, 종
dźwięk [지비엥크] 소리, 음
dżem [ ] 쨈

02 폴란드어 발음 규칙들

I. 음성적 음운 규칙들

폴란드어의 음성학적으로 가장 큰 특징은 다른 인도-유럽어와 마찬가지로 무성음과 유성음의 대응되는 것이다.

한국어는 평음(예사소리) ㄱ, ㄷ, ㅂ - 격음(거센소리) ㅋ, ㅌ, ㅍ - 경음(된소리) ㄲ, ㄸ, ㅃ 의 구조를 가지고 있다. 그래서 외국어 발음할 때, 처음에 오는 유성음을 정확히 발음할 수 있어야만 하겠다.

다음은 무성음과 유성음의 짝들이다.

무 성 음	유 성 음
p	b
t	d
k	g
f	w
s	z
c	dz
ś	ź
sz	ż / rz
ć	dź
cz	dż

1. 자음동화규칙

앞에서 배운 무성음과 유성음의 대응으로 인하여, 단어 내에서 서로 다른 음성의 자음들이 만났을 경우에 일어나는 자음동화규칙 현상이다. 그리고 언어는 일반적으로 역행동화가 일어난다. 즉, 앞의 음이 뒤의 음과 같은 무성음, 또는 유성음처럼 변화되는 것이다.

1) 유성음 + 무성음 → 무성음화(무성음+무성음)

단어 안에서 자음 무리가 유성음과 무성음인 경우에 뒤의 무성음 때문에 앞의 유성음이 그 음의 짝인 무성음으로 변하여, 같은 무성음 소리들로 발음되는 규칙이다.

książka [크숑슈카] 책
ławka [와프카] 벤치

'książka'의 -żk-가 유성음+무성음, 이렇게 서로 다른 음성의 자음이 모여 같은 색깔의 자음, 즉 뒤에 있는 무성음처럼 앞에 음이 무성음으로 변화하는 것입니다. 유성음 ż의 짝인 무성음 sz로 발음한다.

'ławka'의 -wk-도 유성음+무성음 구조를 이루어 유성음 w가 무성음 f로 무성음화되어 발음한다.

2) 무성음 + 유성음 → 유성음화(유성음 + 유성음)

위에서 설명한 무성음과 현상과 반대되는 음성의 구조를 이루게 되면, 즉 무성음과 유성음이 나란히 나타나면, 앞의 무성음이 뒤의 유성음 때문에, 그 무성음의 짝인 유성음으로 발음한다.

prośba [프로지바] 요구, 요청
liczba [리주바] 수, 숫자

'prośba'의 -śb-에서 무성음 ś가 뒤의 유성음 b 때문에 ź로 발음된다.
'liczba'의 -czb-에서도 무성음 cz가 뒤의 유성음 b 때문에 dż로 발음된다.

3) 무성음 + 유성음 → 무성음화(무성음 + 무성음)

바로 위에서 설명한 2)과 같은 구조인데, 이번에는 거꾸로 앞의 무성음 때문에 뒤의 유성음이 무성음으로 발음되는 현상입니다. 이것은 순행동화 현상으로 예전부터 내려온 발음규칙이다. prz-, kw-, czw-, trz- 구조를 이루고 있는 단어들로써, 정확히 숙지하여 정확한 발음을 할 수 있어야 하겠다.

przyjaciel [프쉬야치엘] 단짝 친구

kwiat [크피앗] 꽃

czwartek [추파르텍] 목요일

trzy [트쉬/취] 3

'prz-'에서 p는 무성음, rz는 유성음으로 서로 다른 음성의 구조에서 뒤의 유성음이 앞의 무성음 때문에 같은 소리인 무성음 sz로 발음되어 [프쥐-]가 아닌 [프쉬-]로 발음된다.

'kw-'에서도 [kf-]로 발음한다.

'czw-'에서도 [czf-]로 발음한다.

'trzy'에서도 [tsz-]로, rz가 앞의 무성음 t와 같이 sz로 변하고, 빨리 발음하면 두음이 조음위치에 따른 동화현상으로 한 음인 [cz]로 발음된다.

2. 마지막 음(종성음)의 무성음화

자음 무리에서 일어나는 발음 규칙이 아니라, 단어의 마지막 유성음은 무조건 무성음으로 발음해야만 하는 규칙이다.

Bóg [부ㅋ/북] 하느님

obraz [오브라스] 그림

위 단어에서 마지막의 유성음, g, z는 무조건 k, s로 발음된다.

II. 형태적 음운 규칙들

폴란드어 자음의 또 다른 음성적 특징이 있다.

이 특징을 잘 알면, 형태론적인 관점에서, 즉 단어 암기나, 격변화, 동사활용 때 유용하게 쓰인다.

폴란드어 자음은 경음(딱딱한 음), 연음(부드러운 음), 그리고 기능적 연음이 있다.

우리가 알파벳과 발음에서 공부했을 때 친근하게 다가왔던 알파벳들이 바로 경음이이다: p, b, t, d, k, g, f, v, s, z 등등

그럼 연음은?

바로 빗금이 있는 알파벳들이 연음이다: ć, ń, ś, ź, dź. 이 음들은 ci, ni, si, zi, dzi와 같은 발음이기도 하고, 단어 내에서 빗금이 있는 알파벳이 아닌 모음 i와 함께 표기하여 나타나기도 한다. 또한 알파벳으로는 없지만, pi, bi, ki, gi, fi, wi 등도 바로 연음들이다.

그럼, 기능적 연음은?

발음하기 어려운, sz, rz, cz, dz 등으로, 문자 두 개로 한 음을 나타낸 자음들을 말하며, 여기에는 알파벳 c, l이 포함되어 있기도 하다.

다음은 자음변화표이다.

경음	p	b	f	w	t	d	s	z	k	g	ch	m	n	r	ł
연음	pi	bi	fi	wi	ć ci	dź dzi	ś si	ź zi	ki	gi	chi ś si	mi	ń ni		li
기능적 연음					c cz	dz dż	sz	ż	c cz	ż dz	sz			rz	l

1. 연음화

폴란드어는 굴절어이다. 다시 말해서, 단어가 문장에서 어미변화를 일으켜 각각의 역할을 하는 모양으로 바뀌게 된다. 대표적으로 굴절되는 품사는 명사, 형용사, 동사 등이 있다. 이 명사 단어들이 격 변화하거나, 동사 활용을 할 때, 경음이 연음으로 바뀌는 것을 연음화라고 한다. 대표적으로 이 요인은 전설 모음 e 때문에 앞의 자음이 연자음으로 변화되는 것을 말한다.

sklep [스클렙] 가게 : w sklepie [프 스클레피에] 가게에서
student [스투덴트] (남)대학생 : o studencie [오 스투덴치에] (남)대학생에 대해서

장소격 어미 -e를 붙일 경우, p : pi, t: ć(ci) 로, 경음 p, t가 연음 pi, ci로 교체된다. 이 때 주의할 것은, 장소격 단어가 s + k + l + e + p + i + e의 구조로 이루어진 것이 아니라, s + k + l + e + p'(pi) + e 구조라는 것! 모음이 2개 있는 것처럼 보이지만, 자음 뒤에 있는 모음 i는 모음의 역할이 아닌, 연자음이라는 것이다.

또 하나 눈여겨 볼 것은 전치사 w + 명사 sklepie에서 단어 간에서(장소 부사구에서)

일어난 무성음화 현상이다. w(유성음) + s(무성음) → [f(무성음) + s(무성음)]음으로 발음되며, 폴란드어는 전치사구(전치사 + 명사)를 한 단어인양 발음해야 한다.

이 연음화 현상에는 경음이 아닌 기능적 연음이 연음으로 교체되는 현상도 있다.

duży [두쥐] 큰(남성단수주격형용사) : duzi [두지] (남자복수주격형용사)
młodszy [무워드쉬] 더 젊은 : młodsi [무워드시]

형용사의 남성단수주격형태에서 어간의 기능적 연자음이(-ż, -sz) 복수주격에서 남자를 꾸며주는 형용사 격 어미 -i를 붙이게 되면서, 자음들이 연음으로(-zi, -si) 교체된 것을 알 수 있다.

2. 기능적 연음화

단어 어간의 자음이 경음, 연음 또는 기능적 연음이 기능적 연음으로 바뀌는 현상이다.

aktor [악토르] (남)배우 : o aktorze [오 악토쉐] (남)배우에 대해서
stół [스투우] 탁자 : na stole [나 스톨레] 탁자에

위 예시에서도 장소격 어미인 모음 e 때문에 경음 r, ł가 기능적 연음 rz, l로 교체된 것을 볼 수있다.

연음화와 기능적 연음화 현상에서 똑같이 모든 단어들이 모음 e 때문에 주격 형태의 경음이 연음, 또는 기능적 연음으로 교체되었는데, 그럼, 어느 때 연음으로, 어느 때 기능적 연음으로 바뀌는지에 대해서는 설명이 불가능하다. 외워야만 한다.

또한 모음 e 때문이 아닌, 단어의 굴절 현상에서도 나타난다.

Polak [폴락] 폴란드 남자 : Polacy [폴라츼] 폴란드 국민
aktor [악토르] (남)배우 : aktorzy [악토쥐] 배우들

남자를 가리키는 남성명사들로, 경음 k, r가 복수형 어미 -y가 붙으면서 경음이 기능적 연음 c, rz로 교체된다. 이것은 경음뿐만 아니라, 연음도 기능적 연음으로 교체되기도 한다.

wielki [비엘키] 위대한 : wielcy [비엘치]
drogi [드로기] 비싼 / 친애하는 : drodzy [드로지]

위 형용사들의 단수 형태가 복수주격, 그 중에서도 남자를 꾸며줄 때 복수주격 어미 -y를 붙이면서, 단어 어간의 경음 k', g'가 기능적 연음 c, dz로 바뀐다.

마지막으로 기능적 연음이 기능적 연음으로 교체되는 현상은 대표적으로 호격에서 일어나곤 한다.

chłopiec [흐위피에츠] 소년(주격) : chłopcze! [흐웝췌!] 소년아!(호격)
ksiądz [크시온츠] 신부, 사제 : księże! [크시엥쉐!] 신부님!

격 어미는 소유격 어간에 붙이는 것이다. chłopiec (주격) : chłopc-a (소유격. 모음 교체 e : ø 현상으로 모음 e가 탈락되면서 자음도 연음 pi가 경음 p로 바뀜) 소유격 어간 자음 c가 호격 어미 e 때문에 기능적 연음 cz로 바뀐다: chłopcz-e
ksiądz의 소유격에서도 모음교체 현상인 ą : ę이 나타난다: księdz-a. 호격 어미를 소유격 어간에 붙이게 되면서, 어간의 기능적 연자음이 다른 기능적 연음으로, dz : ż로 바뀐다.

형태적 음운 규칙들은 단어가 굴절되는 과정에서 일어나는 현상이므로, 각각의 알파벳이 어떻게 소리나는 지도 중요하지만, 이 각각의 알파벳의 음성이 어떤 음가(音價), 즉 경음, 연음, 기능적 연음인지 아는 것도 무척이나 중요하다. 위에서 보여 준 자음 변화표에서 가로로 구분된 각각의 알파벳의 음가도 정확이 알아두고, 단어 굴절에서는 각각의 세로 라인도 알아두어야 한다. 무조건 외우는 것 보다 개념을 이해하면, 조금 더 쉽게 알 수 있을 것이다.

III. 강세 규칙들

폴란드어의 강세는 일반적으로 단어 뒤에서 두 번째에 있다.
그 단어가 격어미를 붙여도 강세는 뒤에서 두 번째에 있다.

zeszyt [제쉿] 공책
zeszytu [제쉬투] 공책의/공책을 (단수소유격)
간혹 라틴어나 그리스어에서 유래된 단어들은 본래의 강세 위치인 세 번째에 있다.

gramatyka [그라마틔카] 문법
uniwersytet [우니베르싀텟] 대학교

그러나 외래어들도 폴란드 강세 규칙에 지배를 받아 두 번째에 발음되기도 한다.

ocean [오체안 / 오체안] 대양

동사는 활용 어미들이 붙어, 뒤에서 세 번째 또는 네 번째에 강세가 있기도 하다. 그리고 백 단위 수(합성명사)에서도 뒤에서 세 번째 강세가 있다.

robiliśmy (ro-bi-liś-my) [로빌리시믜] (robić 동사 1인칭 남성 복수 과거시제) (우리는)했었다
robilibyśmy (ro-bi-li-byś-my) [로빌리븨시믜] (robić 동사 1인칭 남성 복수 가정법) (우리는)했었을텐데
siedemset (sie-dem-set) [시에뎀셋] 700, 칠백

IV. 발음 연습

발음과 발음 규칙, 그리고 강세까지 다 배웠으므로, 앞서 배운 것들을 생각하며 발음 연습을 해 보자.

A, a	Warszawa	matka	gazeta
Ą, ą	wąs	wąż	książka
B, b	brat	babka (babcia)	bilet
C, c	cukier	co	centrum
Ć, ć	gość	kość	być
D, d	dach	dom	droga
E, e	egzamin	eksport	cena
Ę, ę	mięso	mężczyzna	węch
F, f	film	fabryka	fakt

G, g	gazeta	grupa	gardło
H, h	hotel	handel	herbata
I, i	igła	instytut	interes
J, j	jeden	jabłko	ojciec
K, k	kraj	kawa	kantor
L, l	lalka	lampa	lustro
Ł, ł	ławka	słownik	słowo
M, m	mapa	metro	miasto
N, n	nazwisko	napój	nasza
Ń, ń	koń	słoń	niebo
O, o	ojciec	poczta	policja
Ó, ó	lód	naród	góra
P, p	papryka	pokój	pralka
R, r	radio	rachunek	rano
S, s	sól	sałata	samochód
Ś, ś	środa	ślub	śmiech
T, t	tramwaj	twarz	tort
U, u	ubranie	ucho (uszy)	urlop
W, w	waga	wiadomość	wycieczka
Y, y	syn	rynek	mydło
Z, z	zegarek	zamek	zabawka
Ź, ź	źródło	źle	ziemia
Ż, ż	żaba	życie	żona

CH, ch	chata	chłopiec	choroba
DZ, dz	dzban	dzwon	dzwonek
DŹ, dź	dźwięk	dziecko	dzień
DŻ, dż	dżem	dżentelmen	dżungla
CZ, cz	czas	człowiek	czekolada
SZ, sz	szafa	szkoła	szklanka
RZ, rz	rząd	rzeka	morze

03 명사 & 대명사 Rzeczownik & Zaimek

I. 폴란드어 명사의 특징

폴란드어 명사는 세 가지의 범주를 가지고 있다. 성, 수, 격!

성(性, gender), 폴란드어로는 'rodzaj' 이다.

당연히 남자를 지칭하는 단어는 남성명사, 여자를 지칭하는 단어는 여성명사일 것이다. 그런데 무생물에도 각각의 성이 있다는 것이다. 다른 유럽 언어에서는 관사가 있어서 그 단어가 지닌 의미와 성을 알아야만 정확한 관사를 사용할 수 있지만, 폴란드어에는 관사는 없다. 그리고 그 단어가 지닌 의미, 또는 철학적 의미에 따라 성을 부여하지 않고, 그 단어의 형태에 따라 남성, 여성, 중성으로 구분된다. 좀 더 자세히 들여다 보면, 남성명사는 또 세 가지로 나뉘어 진다; (남성)남자(męskoosobowy), 남성생물(męskożywotny), 그리고 남성무생물(męskonieżywotny)명사

수(數, number), 폴란드어로는 'liczba'이다.

다른 언어처럼 단수와 복수로 구분된다.

격(格, case), 폴란드어로는 'przypadek'이다.

격은 문장에서 담당하는 역할, 기능을 나타낸다. 폴란드어는 다른 언어에 비해 격이 많다; 주격, 소유격, 여격, 목적격, 기구격, 장소격, 호격. 한국어의 '주어'와 '주격'을 명백히 구분할 수 있어야 이해가 가능하다. 주어, 서술어, 목적어 등은 문장의 구성요소이며, 주격, 소유격, 목 격 등은 한 단어가 카멜레온처럼 각각 변화하여 나타내는 역할이라고 이해하면 좋을 듯 싶다. 격에 대해서 차차, 계속해서 배우도록 하겠다.

1. 단수 주격 명사

주격명사는 문장에서 주어의 역할을 한다.

사전에 기재되어 있는 표제어들의 명사는 단수 주격 형태이다.

명사의 성은 의미와 상관없이 어떤 모양을 지니고 있느냐에 따라 다음과 같이 나눌 수 있다.

단수주격명사			
	남성	여성	중성
주격 어미	-ø (자음)	-a -i	-o -e -ę -um
예외	-a (남성남자명사)	-ø (무생물여성명사)	

1) **남성명사**(rodzaj męski) - **자음(Ø)으로 끝난다.**

profesor (교수)
nauczyciel (선생님)
student (대학생)
uczeń (학생)
lekarz (의사)
pies (강아지)
kot (고양이)
koń (말(馬))
lew (사자)
lis (여우)
stół (탁자)
obiad (점심식사, 정찬)
szpital (병원)
samochód (자동차)
księżyc (달)

2) **여성명사**(rodziaj żeński) - **모음** a, i**로 끝난다.**

studentka (여대생)
uczennica (여학생)
gwiazda (별)
kolacja (저녁식사)
gospodyni (안주인, 여주인)

3) **중성명사**(rodzaj nijaki) - **모음** o, e, ę, um**으로 끝난다.**
-um으로 끝난 중성명사는 단수에서 격변화하지 않는다.

okno (창문)
mięso (고기)

imię (이름)
zwierzę (동물)

słońce (태양)
śniadanie (아침식사)

muzeum (박물관)
stypendium (장학금)

4) **예외 - 언어에는 항상 예외가 있다는 사실!**

-a로 끝난 남성사람명사가 있다.

지소어 -o로 끝난 남성사람명사도 있다.

자음으로 끝난 여성명사도 있습니다.

남성 (사람) 명사	여성 명사
kolega (남자친구)	marchew (당근)
mężczyzna (남자)	noc (밤, night)
poeta (시인)	rzecz (일, 물건, thing)
turysta (관광객)	podróż (여행)
sędzia (판사)	złość (악, 죄악)
tata (아빠)	mysz (생쥐)
Józio (Józef의 작은말)	twarz (얼굴)

♣ 폴란드어는 사람을 나타내는 명사는 남성과 여성형이 있다.
특히 직업이나 신분을 나타내는 남성명사에 일반적으로 여성을 지칭하는 접미사를 덧붙여 여성명사를 만든다.
그러나 남성명사가 여성명사까지 대표하는 명사들도 있다;

mąż (남편) - żona (아내)
ojciec (아버지) - matka (어머니)
brat (형제) - siostra (자매)
syn (아들) - córka (딸)
chłopiec (소년) - dziewczyna (소녀)
mężczyzna (남자) - kobieta (여자)

aktor (배우(男)) - aktorka (여배우)

student (대학생(男)) - studentka (여대생)

kolega (친구(男)) - koleżanka (여자친구)

nauczyciel (선생님(男)) - nauczycielka (여선생님)

Polak (폴란드인(男)) - Polka (폴란드여자)

Król (왕) - królowa (여왕, 왕비)

(pan) profesor - (pani) profesor (교수)

(pan) inżynier - (pani) inżynier (공학자)

(pan) premier - (pani) premier (수상)

II. 폴란드어 대명사의 특징

폴란드어 대명사는 크게 명사적 대명사와 형용사적 대명사로 나누어 지는데, 명사적 대명사는 각각의 격 변화를 하며, 형용사적 대명사는 형용사처럼 격 변화를 한다.

명사적 대명사에는 인칭대명사(ja, ty 등), 재귀대명사(siebie/się 등), 의문대명사(kto, co 등), 관계대명사(kto, co 등), 부정대명사(nikt, nic)와 비한정대명사(ktoś, coś, ktokolwiek, cokolwiek 등)로 구분될 수 있다.

그리고 형용사적 대명사에는 지시대명사(ten, tamten, ów, sam, inny 등), 의문대명사(jaki, który, czyj 등), 관계대명사(jaki, który, czyj 등), 소유대명사(mój, twój 등), 부정대명사(niczyj, nijaki 등), 비한정대명사(jakiś, któryś, czyjś, pewien 등)과 każdy 대명사가 있다.

이 강에서는 명사적 대명사에 대해 알아보겠다.

1. 인칭대명사 (Zaimki Osobowe)

인칭대명사는 인칭과 수에 따라 있다.

다음은 인칭대명사 주격 형태이다.

단 수			복 수		
1인칭	ja	나는	1인칭	my	우리는
2인칭	ty	너는	2인칭	wy	너희는
3인칭	on ona ono	그는 그녀는 그것은	3인칭	oni one	그들은 그녀들은 (그것들은)

폴란드어에서는 주어의 역할을 하는 주격 인칭대명사는 일반적으로 생략하고 문장을 만든다. 왜냐하면 동사가 인칭과 수에 따라 동사 활용을 하기 때문에 주어가 생략되더라도 알 수 있다.

그러나 강조할 경우에는 인칭대명사 주격을 표현한다.

Nie czytacie, a ja czytam.
(너희들은 읽고 있지 않지만, 나는 읽고 있다.)

nie (부정어, no, not)
czytać (읽다, czytam, czytasz)
a (그러나)

폴란드어 부정문은 부정어 nie를 동사 앞에 놓아 만든다.

'czytacie'는 czytać 동사의 2인칭 복수 형태이다. (czyta-cie)

위의 문장에서 2인칭 복수 대명사 'wy'를 쓰지 않아도, 동사활용에서 '-cie'를 보고서, 앞문장의 주어가 '너희들'인 것을 알 수 있다.

그 다음 문장에서 'ja'가 없어도 동사활용의 'czytam'에서 '-m'을 보고서, 이 문장의 주어가 '나는'인 것을 알 수 있지만, 한 번 더 인칭대명사 'ja'를 표현함으로써 '나'를 강조하는 의미가 된다.

2. 의문대명사 - Zaimki Pytajne

Kto (누구, who, 주격형태)
[kogo, komu, kogo, kim, o kim]
Co (무엇, what, 주격형태)
[czego, czemu, co, czym, o czym]

III. być 동사 (to be) 현재시제 활용

	단 수		복 수	
1인칭	(ja)	jestem	(my)	jesteśmy
2인칭	(ty)	jesteś	(wy)	jesteście
3인칭	(on, ona, ono)	jest	(oni, one)	są

위에서 살펴보듯이, 동사는 인칭대명사의 인칭과 수에 따라 각각 변화한다.

영어의 'be'동사 (I am, you are, he is)와 마찬가지로 폴란드어 동사 'być'동사도 현재시제에서는 불규칙으로 활용한다.

원형 어간 'by-'와 현재시제 활용어간 'jest-'는 상관성이 없기에 무조건 외워야만 한다. 어간 'jest-'에 1인칭 단수 어미 '-em', 2인칭 단수 어미 '-eś', 3인칭 단수 어미 '-ø(제로-어미없음을 의미함)', 1인칭 복수 어미 '-eśmy', 2인칭 복수 어미 '-eście', 3인칭 어간, 어미형이 지금까지 설명한 것과 달리 3인칭 복수는 완전히 다른 형태인 's-ą'으로 변화한다.

IV. 의문문 만들기

폴란드어 의문문은 평서문에 맨 앞에 의문사를 넣어주기만 하면 된다.

Kto to jest? 이 사람은 누구입니까?

To jest Bronisław Komorowski. 이 사람은 브로니스와프 코모로프스키입니다.

Co to jest? 이것은 무엇입니까?

To jest długopis. 이것은 볼펜입니다.

to jest (이것은 -이다, This is ~ 구문.)

'to jest + 주격 명사' 구문에서 술어인 'jest'를 생략하고 표현해도 된다.

Kto to? 이 사람은 누구입니까?

To Lech Kaczyński. 이 사람은 레흐 카췬스키입니다.

Co to? 이것은 무엇입니까?

To biblioteka. 이것은 도서관입니다.

의문사 czy (~입니까?)
긍정의 대답 - tak
부정의 대답 - nie

Czy to jest Bronisław Komorowski?
이 사람은 브로니스와프 코모로프스키입니까?
Tak, to jest Bronisław Komorowski.
네, 이 사람은 브로니스와프 코모로프스키입니다

Nie, to nie jest Bronisław Komorowski. To jest Lech Kaczyński.
아니오, 이 사람은 브로니스와프 코모로프스키가 아닙니다. 이 사람은 레흐 카췬스키입니다.
Czy to długopis? 이것은 볼펜입니까?
Tak, to długopis. 네, 이것은 볼펜입니다.
Nie, to nie długopis. To ołówek.
아니오, 이것은 볼펜이 아닙니다. 이것은 연필입니다.

Kto, Co의 의문문의 끝은 내려 읽는다.
Czy로 묻는 의문문의 끝은 올려서 읽는다.
한국어의 부호로 의문문과 평서문을 알 수 있듯이(예: 밥 먹었어? 밥 먹었어.),
폴란드어 일상회화에서도 czy를 쓰지 않고, 문장의 끝을 올리면 의문문이 된다.
앞에서 설명했듯이, 'to jest ~' 구문에서 'jest'를 생략하고 'to'만 사용해도 된다.
평서문 앞에 czy를 두어 의문문을 만들면, 대답에 반드시 긍정의 tak, 또는 부정의 nie가 와야 한다. 그리고 부정할 때, 맨 처음 나오는 'Nie'는 '아니오, No'이고, 'nie jest'의 'nie'는 (아니다, not)의 의미로, 영어와는 달리 동사 앞에 놓여 부정문을 만든다.

04 형용사
Przymiotnik

I. 폴란드어 형용사의 특징

폴란드어 형용사는 명사와 마찬가지로 성, 수, 격에 따라 변화한다.

사전에는 표제어로 남성 단수 주격 형태만 나와 있다. 그러므로 문장에 알맞게 수식하고 있는 명사의 성, 수, 격과 일치하여 변화시켜야만 한다.

그리고 형용사는 원급, 비교급, 최상급으로 만들 수 있다.

(비교급과 최상급은 14강 참조!)

형용사는 명사를 꾸며주는 역할을 하거나,

być 동사의 보어의 역할을 하여 술어로 표현되기도 한다.

ładne miasto 예쁜 도시

Dziweczyna jest ładna. 소녀는 예쁘다.

ładny (예쁜 - 남성 단수 주격)

'miasto'는 중성명사이다. 그러므로 이 명사를 꾸며주는 형용사도 명사의 같은 품위인 중성, 단수 주격으로 바뀌어야만 한다. 'ładny'에서 어간 ładn-는 그대로 두고, 문법 어미인 -y 위치에 중성단수주격 어미 -e를 어간에 붙여주면 된다.

두 번째 문장은 형용사가 서술어의 역할을 하고 있다. 이때에는 주어와 성, 수를 일치시켜 주어야만 한다. 주어가 'dziewczyna'로 여성 단수이므로 서술어의 역할을 하고 있는 형용사도 여성 단수로 바뀌어 'ładna'가 된 것이다.

❀ 형용사적 대명사(jaki, który, czyj 등)와 서수(pierwszy, drugi), 그리고 형용사적 분사(interesujący, zmęczony)들도 형용사처럼 격 변화한다.

1. 단수 주격 형용사 (Mianownik liczby pojedynczej przymiotnika)

형용사 남성 단수 주격 어미는 -y 이다.
여성은 -a, 중성은 -e 이다,

	남 성	여 성	중 성
(좋은)	dobry	dobra	dobre
(나쁜)	zły	zła	złe
(젊은)	młody	młoda	młode
(늙은, 오래된)	stary	stara	stare

형용사의 어간이 k', g'로 끝난 경우에는 남성 -i, 여성 -a, 중성 -ie로 만든다.

	남 성	여 성	중 성
(키큰)	wysoki	wysoka	wysokie
(키작은)	niski	niska	niskie
(긴)	długi	długa	długie
(짧은)	krótki	krótka	krótkie

형용사의 어간이 연음인 경우에는 그 연음이 계속 존재해야만 한다.
그래서 남성은 -i, 여성은 -ia, 중성은 -ie 이다.

	남 성	여 성	중 성
(값싼)	tani	tania	tanie
(어리석은)	głupi	głupia	głupie
(마지막의)	ostatni	ostatnia	ostatnie

위의 설명은 외우기 쉽게 분류를 해 놓은 것이다. 형태론적으로 형용사 주격 어미는 남성은 y, i, 여성은 a, 중성은 e 이다.

<폴란드어에는 이중모음이 없다. 오직 단모음만 있을 뿐입니다. 그렇다면, ‘wysokie’는 [vysok'e]로 철자로는 ki라고 썼지만, k의 연음 ki인 것이다.>

위의 모든 어미를 설명할 수 있는 것이 바로 서수 단어들이다.

	남 성	여 성	중 성
(첫번째)	pierwszy	pierwsza	pierwsze
(두번째)	drugi	druga	drugie
(세번째)	trzeci	trzecia	trzecie

II. 지시대명사 (Zaimki Wskazujące)

형용사적 지시대명사는 다음과 같다.

	남 성	여 성	중 성
이(것), this	ten	ta	to
저, that	tamten	tamta	tamto
저것, that	ów	owa	owo
홀로, 혼자, alone	sam	sama	samo
그와 같은, the same	ten sam	ta sama	to samo
다른	inny	inna	inne

이들은 형용사의 역할을 하며, 형용사처럼 격 변화 한다.
그러므로 위의 단어들은 주격 단수 형태인 것이다.

그럼, 지금까지 배운 명사, 인칭대명사, być 동사, 형용사, 지시대명사를 이용하여 문장을 자유롭게 만들어 보자.

예문) Ten dom jest duży. 이 집은 큽니다.
Tamten dom jest mały. 저 집은 작습니다.
To jest przystojny chłopiec. 이 사람은 잘 생긴 소년입니다.
To czarne morze. 이것은 흑해입니다.
Jestem dobry(-a) i grzeczny(-a). 나는 착하고 예의바릅니다.
On jest miły i pilny. 그는 선량하고 부지런합니다.
Ona jest piękna ale niska. 그녀는 아름답지만 키가 작습니다.

III. 소유대명사 (Zaimki Dzierżawcze)

인칭 대명사	소유 대명사			
	남 성	중 성	여 성	
단 수				
1. ja	mój	moje	moja	나의
2. ty	twój	twoje	twoja	너의
3. on. ona. ono	jego (그의, 그것의)		jej (그녀의)	
복 수				
1. my	nasz	nasze	nasza	우리의
2. wy	wasz	wasze	wasza	너희들의
3. oni, one	ich (그들의)			

영어는 인칭대명사 I의 소유격이 my이지만, 폴란드어는 '나의'라는 단어가 대명사 형태로 있다. 소유대명사도 지시대명사와 마찬가지로 형용사의 역할을 하고, 형용사처럼 격 변화한다. 다시 말해서, 소유대명사 다음에 오는 명사의 성, 수, 격에 따라 소유대명사도 성, 수, 격을 일치하여 만들어 주어야만 한다는 것이다. 내가 남성인지, 여성인지가 중요하지 않고, 뒤의 오는 명사에 따라 소유대명사의 성과 수가 정해지는 것이다.

그런데 표에서 자세히 살펴보면, 3인칭 단, 복수는 소유대명사가 아닌 인칭대명사의 소유격 형태이다. 즉, 영어와 같이 he - his, she - her 인 것처럼, 폴란드어에서는 on / ono - jego, ona - jej, oni / one - ich 로 인칭대명사의 소유격 형태이다.

Mój ojciec (나의 아버지)
Moja matka (나의 어머니)
Moje dziecko (나의 아이)

Jego ojciec (그의 아버지)
Jej ojciec (그녀의 아버지)
Jego matka (그의 어머니)
Jej matka (그녀의 어머니)

swój, swoja, swoje (자기 자신의)
소유대명사는 주어의 위치에는 오지 않고 항상 목적어로만 표현된다.

IV. 3총사 - 형용사적 의문대명사

형용사적 의문대명사는 다음과 같다.

남 성	여 성	중 성	
jaki	jaka	jakie	어떤 (종류, 성격)?
który	która	które	어느 (선별)?
czyj	czyja	czyje	누구의?

jaki로 물으면, 일반 형용사가 대답으로 표현하면 된다.
który로 물으면, 지시대명사가 대답으로, czyj로 물으면, 소유대명사로 표현하면 된다.

예문) Jaki on jest?

(그는 어떻습니까?)

On jest niski, brzydki i niemiły.

(그는 키 작고, 못생겼고, 착하지 않습니다.)

Która książka jest ciekawa?

(어느 책이 재미있습니까?)

Tamta książka jest ciekawa.

(저 책이 재미있습니다.)

Czyje jest to mieszkanie?

(이 아파트는 누구의 것입니까?

To mieszkanie jest moje.

(이 아파트는 나의 것입니다.)

Jakie jest twoje mieszkanie?

(너의 아파트는 어떠니?)

Moje mieszkanie jest małe ale wygodne.

(나의 아파트는 작지만 편안(안락)합니다.)

함께 풀어봅시다.

문제 1 다음 형용사의 뜻과 함께 여성, 중성 단수 주격형태를 만들어보시오.

trudny
łatwy
wesoły
smutny
duży
mały
ciekawy
nudny
bogaty
biedny
biały
czarny
czerwony
zielony
brązowy

ciepły
zimny
gorący
chłodny
ładny
piękny
miły
zmęczony
wolny
gruby
szczupły
znany
zdrowy
chory
łysy

lekki
ciężki
daleki
bliski
brzydki
drogi
wielki
angielski
francuski
niemiecki
polski
koreański
chiński
japoński
niebieski

문제 2 다음 문장의 알맞은 형용사를 고르시오.

1. Student jest .... (wysoki, wysoka, wysokie)
2. Pan jest .... (mądry, mądra, mądre)
3. Siostra jest .... (dobry, dobra, dobre)
4. Poeta jest .... (znany, znana, znane)
5. Centrum jest .... (czysty, czysta, czyste)

6. Noc jest .... (długi, długa, długie)

7. Krzesło jest .... (stary, stara, stare)

문제 3 다음 예문처럼 질문의 긍정과 부정문을 만드시오.

np.) Czy to jest lampa?
a) Tak, to jest lampa.
b) Nie, to nie jest lampa.

1. Czy to jest Adam?

2. Czy to jest powieść?

3. Czy to jest dobry film?

4. Czy to jest Lech Wałęsa?

5. Czy to jest drogie pióro?

문제 4 예문처럼 명사적 또는 형용사적 의문대명사를 만들어 의문문을 만드시오.

np.) Kto jest miły? Sąsiadka jest miła.
Jaka jest lampa? Lampa jest duża i biała.

1. .... jest tata? Tata jest silny.

2. .... jest mama? Mama jest dobra.

3. .... jest mały? Pokój jest mały.

4. .... pies jest zły? Twój pies jest zły.

5. .... jest wysoki? Tata jest wysoki.

6. .... dziecko jest uparte? To dziecko jest uparte.

7. .... jest przystojny? Mąż jest przystojny.

8. .... jest żona? Żona jest piękna.

9. .... torba jest biała? Moja torba jest biała.

10. .... zeszyt jest dobry? Tamten zeszyt jest dobry.

05 동사
Czasownik

I. 폴란드어 동사의 특징

폴란드어의 동사는 다음과 같은 여러 범주를 지니고 있다.

① 1. 2. 3. 인칭

② 단수와 복수

③ 시제 - 현재, 과거, 미래

④ 법 - 직설법, 명령법, 가정법

⑤ 태 - 능동태, 수동태, 재귀용법

⑥ 상(相) - 불완료형, 완료형

폴란드어 동사는 하나의 뜻에 해당하는 두 개의 어휘(상의 쌍)를 지니고 있다.

예를 들어 '쓰다' 동사는 불완료형(ndk: niedokonany / (영) imperfective) 'pisać'와 완료형 'napisać'(dk: dokonany / (영) perfective)가 있다.

이렇게 두 가지 형태의 동사가 있는 이유는 의미론적으로 진행, 반복, 습관이나 한 번 일어나는 행위에 따라, 이 두 가지 중에 하나의 동사를 선택하여 쓴다.

이 상(相, aspekt)에 대한 설명은 뒤에서 좀 더 자세히 하겠다.

(문법 제 2부 1강 참조)

II. 현재 시제 활용 (Czas Teraźniejszy)

폴란드어 동사의 현재시제는 불완료형(ndk) 동사만 활용된다.

그리고 우리말로는 현재, 또는 현재 진행으로 해석하면 된다.

폴란드어의 동사는 아래의 표와 같이, 4 가지 유형으로 나누어지는데, 이것은 단지 단수 1, 2인칭의 어미에 따른 유형으로 나눈 것! 뿐이다.

폴란드어 동사는 동사 원형과 현재시제 활용을 정확히 외워야만 한다.

	1인칭 어미	2인칭 어미
I 형	-ę	-esz
II 형	-ę	-isz/ -ysz
III 형	-am	-asz
IV 형	-em	-esz

1. am, -asz (III형)

czytać -을 읽다	단수	1인칭	czyt-am	복수	1인칭	czyt-amy
		2인칭	czyt-asz		2인칭	czyt-acie
		3인칭	czyt-a		3인칭	czyt-ają

czytać -을 읽다	단수	1인칭	czyta-m	복수	1인칭	czyta-my
		2인칭	czyta-sz		2인칭	czyta-cie
		3인칭	czyta-ø		3인칭	czyta-ją

정확한 문법 설명은, 위의 표와 같이 동사 원형 어간인 czyta-에 현재시제 활용 어미인 *-m, -sz, -ø(제로), -my, -cie, -ją* 을 덧붙인 것이다.

그럼 다음 동사의 현재시제 활용을 만들어 보자.

'kochać' (사랑하다) 동사:

- kocham, kochasz, kocha, kochamy, kochacie, kochają

-ać형으로 끝나는 동사는 대부분 이 III형인 -am, -asz에 속하지만, 모두 그러한 것은 아니다. 그러므로 동사 원형이 -ać형인데, 현재시제활용이 -am, -asz형이 아닌 동사들은 정확한 활용을 암기해야만 한다!

pisać (-을 쓰다): piszę, piszesz, pisze, piszemy, piszecie, piszą

또 하나의 가장 기본적인 동사인 'mieć'(가지다/to have)
원형은 'mieć'에서 원형 어간은 'mie-'이지만, 현재시제 활용어간은 'ma-'이다; mam, masz, ma, mamy, macie, mają

'dać' (주다/to give) 동사도 이 III 형처럼 변하는 동사이지만, 이 동사는 불완료형동사가 아니라, 완료형(dk) 동사이다.

<완료형 동사의 미래시제는 현재시제로 활용된다. 즉 모양은 현재시제 형태를 하고 있으나, 의미는 미래이다. 즉, '줄 것이다'가 되는 것이다! 그리고 3인칭 복수가 '-ją'이 아닌 것에 주의!>

왜냐하면, '주다' 동사의 불완료형 동사(ndk) 'dawać' 3인칭 복수형태가 바로 'dają'이다.

dać: dam, dasz, da, damy, dacie, *dadzą*
dawać: daję, dajesz, daje, dajemy, dajecie, *dają*

2. -ę, -isz / -ysz 형(II형)

		płacić (지불하다)	kończyć (끝내다; 마치다)	어미 형태
단수	1	płac-ę	kończ-ę	-ę
	2	płac-isz	kończ-ysz	-isz/-ysz
	3	płac-i	kończ-y	-i/-y
복수	1	płac-imy	kończ-ymy	-imy/-ymy
	2	płac-icie	kończ-ycie	-icie/-ycie
	3	płac-ą	kończ-ą	-ą

2인칭 어미에서 i와 y를 잘 구분해서 외워야만 한다. 동사원형을 보면 알겠지만, -y 앞에

기능적 연음의 자음들이 온다는 것! 철자에 주의해서 외워야 한다.

-ić, -yć 형의 동사들과 -eć 형으로 끝나는 많은 동사들도 II 형에 속한다.

1인칭 단수와 3인칭 복수에서 어미 -i가 계속 살아있는 동사들
-bić, -pić, -wić, -mić, -nić로 끝나는 동사들이 여기에 속한다.

		robić (하다)	mówić (말하다)
단수	1	robię	mówię
	2	robisz	mówisz
	3	robi	mówi
복수	1	robimy	mówimy
	2	robicie	mówicie
	3	robią	mówią

II 형 활용 동사에서 또 주의해야 할 것이 있다. 바로 단수 1인칭과 2인칭 활용의 어간이 다르다. 이 때 규칙은 단수 2인칭과 3인칭, 그리고 복수 1, 2인칭의 현재활용 동사 어간이 같고, 단수 1인칭과 복수 3인칭의 어간이 같다.

prosić (요청하다): proszę, prosisz, prosi, prosimy, prosicie, proszą
musieć (해야만 한다) : muszę, musisz, musi, musimy, musicie, muszą

-ać 동사인데 II 형처럼 활용하는 주요 동사들:

spać (자다)	bać się (두려워하다)	stać (서있다)
śpię	boję się	stoję
śpisz	boisz się	stoisz
śpi	boi się	stoi
śpimy	boimy się	stoimy
śpicie	boicie się	stoicie
śpią	boją się	stoją

3. -ę, -esz (I형)

많은 동사들이 이 I 형에 속한다.

		pisać (쓰다)	studiować (공부하다)	어미 형태
단수	1	pisz-ę	studiuj-ę	-ę
	2	pisz-esz	studiuj-esz	-esz
	3	pisz-e	studiuj-e	-e
복수	1	pisz-emy	studiuj-emy	-emy
	2	pisz-ecie	studiuj-ecie	-ecie
	3	pisz-ą	studiuj-ą	-ą

1) -a- 형;

① kłamać (kłamię, kłamiesz - 거짓말 하다)
kąpać się (kąpię się, kąpiesz się - 목욕하다)
płakać (płaczę, płaczesz - 울다)

② -a- → -ej-;
grzać się (grzeję się, grzejesz się – 따뜻해지다)
śmiać się (śmieję się, śmiejesz się - 웃다)
dziać się (dzieję się, dziejesz się - 일어나다; 발생하다)

2) 불완료형 동사 -awa- 형 → -aj-;

dawać (daję, dajesz - 주다)
poznawać (poznaję, poznajesz - 알게 되다)
sprzedawać (sprzedaję, sprzedajesz - 팔다)

3) -ować, -iwać, -ywać 형 → 접미어가 형태소 -uj- 로 바뀐다;

kupować (kupuję, -esz - 사다)
budować (buduję, -esz - 짓다)
całować (całuję, -esz - 키스하다)
chorować (choruję, -esz - 아프다)
dyskutować (dyskutuję, -esz - 토론하다)

dziękować (dziękuję, -esz - 감사하다)

gotować (gotuję, -esz - 요리하다)

kosztować (kosztuję, -esz - 값이 (얼마)하다)

pracować (pracuję, -esz - 일하다)

żałować (żałuję, -esz - 후회하다)

podróżować (podróżuję, -esz - 여행하다)

4) **단음절로 끝나는 동사 -i-, -y-, -u- 형 → -ij-, -yj-, -uj-;**

bić (biję, bijesz - 때리다)

czuć się (czuję się, czujesz się - 느끼다)

myć się (myję się, myjesz się - 씻다)

kryć (kryję, kryjesz - 숨기다)

pić (piję, pijesz - 마시다)

szyć (szyję, szyjesz - 꿰매다)

5) **불완료형 동사 -ną- 형 → -n-/-ni-;**

biegnąć (biegnę, biegniesz - 달리다)

gasnąć (gasnę, gaśniesz - (불) 꺼지다)

pragnąć (pragnę, pragniesz - 바라다)

6) **모음 & 자음 변화;**

brać (가져오다)	prać (세탁하다)	nieść (운반하다)	kłaść (내려놓다)
biorę	piorę	niosę	kładę
bierzesz	pierzesz	niesiesz	kładziesz
bierze	pierze	niesie	kładzie
bierzemy	pierzemy	niesiemy	kładziemy
bierzecie	pierzecie	niesiecie	kładziecie
biorą	piorą	niosą	kładą

7) 불 규 칙;

iść (걸어서 가다)	jechać (타고 가다)	móc (할 수 있다)	piec (<빵> 굽다)
idę	jadę	mogę	piekę
idziesz	jedziesz	możesz	pieczesz
idzie	jedzie	może	piecze
idziemy	jedziemy	możemy	pieczemy
idziecie	jedziecie	możecie	pieczecie
idą	jadą	mogą	pieką

* chcieć (원하다)	kraść (훔치다)	trzeć (마찰하다)	ciąć (자르다)
chcę	kradnę	trę	tnę
chcesz	kradniesz	trzesz	tniesz
chce	kradnie	trze	tnie
chcemy	kradniemy	trzemy	tniemy
chcecie	kradniecie	trzecie	tniecie
chcą	kradną	trą	tną

✻ 이동 동사의 현재형 (Czasownik ruchu cz. teraz.)

폴란드어의 '가다' 라는 동사는 그 의미와 형태가 매우 복잡하다.

'가다'라는 동사는 걸어서 갈 때와 교통수단을 이용해 갈 때 쓰이는 동사가 달리 사용한다. iść는 걸어서, jechać 무엇을 타고 가는 동작을 의미한다. 다음은 두 동사의 현재시제 활용이다;

iść (걸어서 가다)

idę
idziesz
idzie
idziemy
idziecie
idą

jechać (타고 가다)

jadę
jedziesz
jedzie
jedziemy
jedziecie
jadą

예문) Gdzie idziesz/ jedziesz? (너는 어디를 (걸어서) 가니?/ (타고) 가니?)

Idę do domu. (나는 집에 (걸어서) 간다)

Jadę do Seulu. (나는 서울에 (타고) 간다)

iść - chodzić 동사는 걸어서,
jechać - jeździć 동사는 교통 수단을 이용하여 타고 가는 것,
chodzić, jeździć 동사는 반복적이고 습관적인 행동, 다니는 것을 의미한다;

chodzić (걸어서 다니다)	jeździć (타고 다니다)
chodzę	jeżdżę
chodzisz	jeździsz
chodzi	jeździ
chodzimy	jeździmy
chodzicie	jeździcie
chodzą	jeżdżą

예문) Córka chodzi do szkoły. (딸은 학교에 다닌다)

Często chodzimy do kina. (우리는 자주 영화관에 간다)

Co niedzielę jeżdżę do kościoła. (나는 일요일마다 성당에 간다)

iść, jechać, chodzić, jeździć + do + D. (dopełniacz, 소유격, 2격)
대부분 어떤 장소에 갈 때 소유격(2격)으로 표현한다.
그러나 몇몇 장소는 대체적으로 na + B. (biernik, 목적격, 4격)으로 표현한다;

na pocztę	우체국에	na miasto	도시에
na rynek	시장에	na wieś	시골에
na lotnisko	공항에	na wyspę	섬에
na dworzec	역에	na ulicę	거리에
na przystanek	정거장에	na uniwersytet	대학교에

'do + D' 는 방향의 의미로,
'na + B' 는 목적의 의미가 있습니다;

예문) Idę na pocztę. (나는 우체국에(일 보러) 간다.)

Idę do poczty. (나는 우체국(쪽으로)에 간다.)

항상 'na + B'으로 표현되는 구문

na zakupy (pl) 장보러

na ryby (pl) 낚시하러

na narty (pl) 스키타러

na wakacje (pl) 방학에

na urodziny (pl) 생일 파티에

na imieniny (pl) 영명 축일에

na koncert 콘서트에

na balet/operę 발레 보러/오페라

na wystawę 전시회에

na zabawę 춤추러

na lekcję 수업 받으러

na piwo/kawę 맥주 마시러 / 커피

na obiad/kolację 점심 먹으러 / 저녁

na spacer 산책하러

na weekend 주말에

na urlop 휴가에

관용어구

iść po + B; *Idę po gazetę.* (나는 신문사러 가다)

iść do łóżka/ iść spać (잠자러 가다)

iść za mąż (cf. żenić się - 남성) (결혼하다)

Zegarek nie idzie. (시계가 멈췄다)

Idzie dobry film. (좋은 영화가 상영된다)

Jak idzie? / Idzie dobrze. ((일이)어떻게 되어가니? / 잘 되어간다)

O co chodzi? (무슨 일이니?)

4. -em, -esz (IV형)

IV형에 속하는 동사는 많지 않으나, 복수 3인칭 형태에 주의!

-eć로 끝나는 동사;

umieć ((배워서) 알다)
umi-em
umi-esz
umi-e
umi-emy
umi-ecie
umi-eją

불규칙 동사;

jeść (먹다)	wiedzieć ((어떤 사실을) 알다)
jem	wiem
jesz	wiesz
je	wie
jemy	wiemy
jecie	wiecie
jedzą	wiedzą

rozumieć (이해하다)

śmieć (위험을 무릅쓰고 -하다)

umieć - 무엇을 배워서 알다,

wiedzieć - 어떠한 사실을 알다,

znać - 구체적인 어떤 것, 어떤 사람을 알다

예문) Umiem prowadzić samochód. (나는 차를 운전할 줄 안다.)

Czy wiesz jak to się nazywa?

(너는 이것이 뭐라고 불리우는지 알고 있니?)

Czy znasz moją siostrę? (너는 나의 언니를 알고 있니?)

Wiem, że ona zna Edwarda.

(나는 그녀가 에드바르드를 알고 있다는 것을 안다.)

함께 풀어봅시다.

문제 1 다음은 III 형에 속하는 기본 동사들이다. 현재 시제로 활용하시오.

czekać (-을 기다리다)
kochać (-을 사랑하다)
mieszkać (살다, 거주하다)
narzekać (-을 불평하다)
oglądać (-을 보다)
pamiętać (-을 기억하다)
przepraszać (용서를 빌다)

rozmawiać (대화하다)
siadać (앉다)
słuchać (-을 듣다)
śpiewać (노래부르다)
odpoczywać (휴식을 취하다)
witać (환영하다)
znać (-을 알다)

gniewać się (화내다)
kochać się (-와 사랑에 빠지다)
nazywać się (-라고 불리다)
spotykać się (-와 만나다)
pytać się (묻다, 질문하다)
ubierać się ((옷을) 입다)
znać się (-와 알고 지내다)

문제 2 다음은 II형에 속하는 기본 동사들이다. 현재 시제로 활용하시오.

chwalić (się) (칭찬하다 (칭찬받다))
kłócić się (다투다)
nudzić (się) (지루하다)
palić ((담배를) 피다)
prowadzić (이끌다, (차를) 운전하다)

cieszyć się (기쁘다)
liczyć ((셈을) 세다)
śpieszyć się (서두르다)
tańczyć (춤추다)
tłumaczyć (번역(해석)하다)
uczyć się (-을 배우다)
wierzyć (-을 믿다)
życzyć (-을 바라다; 기원하다)

siedzieć (앉아 있다)
widzieć (-을 보다)
woleć (-을 원하다)
myśleć (-을 생각하다)

patrzeć (się) (쳐다보다)
słyszeć (들리다, 듣다)
krzyczeć (소리치다)
leżeć (누워있다)

문제 3 다음 동사들의 현재 시제 활용을 하시오.

dzwonić ((종이) 울리다; 전화하다)

lubić (좋아하다)

wątpić (의심하다)

bawić się ((-을 가지고) 놀다)

martwić się (걱정하다)

żenić się ((남자가) -와 결혼하다)

명사와 형용사의 단수 목적격
Biernik liczby pojedynczej

I. 목적격? 목적어?

단어의 목적격은 문장에서 직접 목적어(-을, -를)의 역할을 한다.
우리말 '목적격'과 '목적어'의 의미를 정확하게 구분해야만 한다.
'격'은 단어가 문장에서 역할을 하기 위해 변형된 형태이다.
그에 반에 목적어란 문장에서의 기능을 하고 있는 단어나 구를 의미한다.

폴란드어 동사 중, 타동사는 목적어를 필요로 한다. 그런데 폴란드어에서는 목적어로 모두 목적격을 사용하지는 않는다. 동사에 따라 목적어로 목적격, 소유격, 여격 또는 기구격을 요구하기도 한다.
다음 문장을 비교해 보자.

예문) Studiuję język polski. (나는 폴란드어를 공부한다.)
Uczę się języka polskiego. (나는 폴란드어를 배우고 있다 / 공부한다.)

'배우다, 공부하다'라는 동사 'uczyć się'은 목적어로 소유격(języka polskiego)을 요구한다. 그러나 'studiować' (전공으로<학문적으로 대학에서> 공부한다) 동사는 목적어로 목적격(język polski)을 요구하여 표현된다.
그리고 '나는 폴란드어를 공부한다'라고 우리말로 해석하였으나, 이 두 문장은 서로 다른 의미를 지니고 있다. 'uczyć się'은 '공부, 학습하다'이고, 'studiować'는 전공으로 대학에서 깊이 연구, 공부하는 것을 의미한다.

II. 단수 목적격 어미 형태

1. 남성 무생물과 중성명사는 주격 형태와 같다.

형용사도 명사와 같이 목적격과 주격 형태가 같다.

To jest ładny dom. // Mam ładny dom.

(이것은 예쁜 집이다. // 나는 예쁜 집을 가지고 있다.)

To jest piękne miasto. // Znam piękne miasto.

(이것은 아름다운 도시이다. // 나는 아름다운 도시를 알고 있다.)

2. 남성 생물명사는 -a, 형용사는 -ego.

음운 현상: e → ø 일어나기도 합니다;

pies → *psa*, ojciec → *ojca*

주격 단어에 모음 -e-가 생략되고 목적격 어미 -a를 덧붙인다.

이 때 모음 -e가 생략되면서 앞의 연음이 경음, 기능적 연음으로 바뀐다.

p'(pi) : p, ć(ci) : c.

ojciec 단어는 -e가 생략되어 ojcc-a. 두 개의 같은 자음 c가 동화되어, 또는 하나의 자음이 생략되어 ojc-a가 되는 것이다.

To jest dobry ojciec. // Mam dobrego ojca.

(이 사람은 좋은 아버지이다. // 나는 좋은 아버지를 가지고 있다.)

To jest mądry kot. // Mam mądrego kota.

(이것은 영리한 고양이이다. // 나는 영리한 고양이를 가지고 있다.)

3. 여성명사의 목적격은 -ę, 형용사는 -ą.

예외) ta pani → tę panią

여성명사 목적격 어미는 -ę인데, 여성 존칭어 pani의 목적격은 어미 -ę이 아닌 -ą을 덧붙인다. 그리고 형용사적 지시형용사 여성형 ta의 목적격에서도 형용사의 목적격 어미 -ą이 아닌 -ę을 덧붙인다는 것!

To jest dobra matka. // Mam dobrą matkę.

(이 사람은 좋은 어머니이다. // 나는 좋은 어머니를 가지고 있다.)

To jest pani Maria. // Znam tę panią.

(이 사람은 마리아씨이다. // 나는 이 분(여성)을 알고 있다.)

다음 단어를 보며 목적격을 익혀봅시다.

	주 격	목 적 격(4격)		어미 형태	
				형용사	명사
남성	mały pokój ładny dom mądry pies dobry ojciec wysoki student ten pan stary kolega	무생물	mały pokój ładny dom	주격 = 목적격 (Mian. = Bier.)	
		생물	mądrego psa dobrego ojca wysokiego studenta tego pana starego kolegę	-ego	-a
여성	czysta ulica dobra matka wysoka studentka miła sąsiadka ta pani ciekawa powieść	czystą ulicę dobrą matkę wysoką studentkę miłą sąsiadkę ★ tę panią ★ ciekawą powieść		-ą	-ę
중성	nudne miasto dobre dziecko krótkie życie ładne imię	nudne miasto dobre dziecko krótkie życie ładne imię		주격 = 목적격 (Mian. = Bier.)	

♣ 항상 목적격을 취하는 전치사 - przez (-을 통과하여, -에 의해)

Pociąg jedzie przez Warszawę. (기차는 바르샤바를 지나 간다.)
Rozmawiamy przez telefon. (우리는 전화를 통해 대화한다.)
Ten samochód jest myty przeze mnie. (그 차는 나에 의해 세차된다.)

♣ 목적격 전치사를 취하는 동사구
- 전치사의 의미보다는 동사와 함께 쓰여, 그 의미가 되는 동사구이므로 그냥 통으로 외우도록 합니다!

czekać na kogo, co : Czekam na brata. (나는 형을 기다리고 있다.)
patrzeć na kogo, co : Ten student patrzy na tablicę.
(그 대학생은 칠판을 쳐다보고 있다.)
prosić kogo o co : Czy mogę cię prosić o pomoc?
(나는 너에게 도움을 청해도 되겠니?)
martwić się o kogo : Matka martwi się o córkę. (엄마는 딸을 걱정한다.)
iść po kogo, co : Idę po lekarza. (나는 의사에게 <진찰 받으러>간다.)
wierzyć w kogo, co : Wierzę w Boga. (나는 신을 믿는다.)
dziękować za co : Dziękuję za wszystko. (나는 모든 것에 감사한다.)
grać w co(놀이, 게임명) : Gramy w piłkę / w szachy / w karty / w siatkówkę.
(우리는 공놀이를 / 장기를 / 카드게임을 / 배구를 하였다.)
jest ubrany w co(의복명사) : Marek jest ubrany w płaszcz / w czapkę / w buty.
(마렉은 외투를 / 모자를 / 신발을 신고있다. (입고 있다 / 쓰고 있다))

♣ '시간' 의미로 쓰이는 전치사 na

Na jak długo? (얼마나 오랫동안?)
Mieszkam tu na rok. (나는 이곳에 일년 살았다)
Na kiedy? (언제까지?)
Praca będzie gotowana na wtorek. (일은 화요일에는 준비가 될 것이다)

♣ w + 요일: w poniedziałek (월요일에)
we wtorek (화요일에)
w środę (수요일에)
w czwartek (목요일에)
w piątek (금요일에)
w sobotę (토요일에)
w niedzielę (일요일에)

♣ w + 시각: w południe (정오에)
w północ (자정에)

w + 월명<장소격> / w nocy<장소격> (밤에)

III. 인칭 대명사의 목적격

주 격	목적격	주 격	목적격
ja	mnie	my	nas
ty	ciebie / cię	wy	was
on	jego / niego / go	oni	ich / nich
ono	je / nie	one	je / nie
ona	ją / nią		

3인칭 대명사의 목적격 형태가 여러 개 있다. 각각의 역할이 다 다르다.

go, je, ją, ich는 직접 목적어로 표현된다.

n-으로 시작되는, niego, nie, nią, nich 형태는 목적격을 요구하는 전치사 다음에 사용해야만 한다.

그리고 'jego' 형태는 강조할 때 표현된다.

단수 2인칭 'cię'은 동사 뒤에서만 사용되며, 시나 노래에서 운율을 맞추기 위해 표현되기도 한다.

Kochasz mnie?
(너 날 사랑해?)
Kocham cię.
(난 널 사랑해.)
Kocham go / ją / je / ich.

Kochasz nas?
(넌 우릴 사랑해?)
Kocham was.
(난 너흴 사랑해.)
(난 그를 / 그녀를 / 그것을 / 그들을 사랑한다.)

동사구(동사+전치차)로 표현될 때, 전치사 다음에 목적격의 긴 형태인, ciebie와 n- 형태의 목적격을 사용한다.

Czekam na ciebie.
(나는 너를 기다린다.)
Czekam na niego / nią / nie / nich.
(나는 그를 / 그녀를 / 그것을 / 그들을 기다린다.)

'czekać na kogo / co' (-을 기다리다) 표현은 동사 뒤에 꼭 전치사 na를 써야 한다. 목적격의 짧은 형태, 즉 'czekam na cię / go / ją / je / ich'로 표현하면 틀린 문장이 된다.

그리고 다음은 강조구문일 때 표현되는 예문이다.

Wybrali właśnie jego. (*a nie inną osobę*).
(그들은 (다른 사람이 아닌) 바로 그를 선출했다.)

함께 풀어봅시다.

문제 1 다음 문장을 완성하시오.

1. Znam .... (ten student).

2. Ewa czyta .... (ciekawa powieść).

3. Marek ogląda .... (nudny film).

4. Zwiedzamy .... (stare muzeum).

5. Czy kochasz .... (moja siostra)?

6. Czekacie na .... (mój ojciec).

7. Lubię .... (czerwone wino).

8. Ojciec kupuje .... (piękny kapelusz).

9. Mam .... (dobra żona).

10. Mamy ochotę na .... (zimne piwo).

11. Brat ma .... (mały pies).

12. .... (Kto) kochasz?

13. .... (Co) lubisz?

14. Gramy w .... (piłka nożna)

15. Dziękuję za .... (twój list).

문제 2 다음 문장에 적절한 인칭대명사로 바꾸시오.

1. Czekam na .... (ty).

2. Długo widzimy .... (oni).

3. Piotr zna .... (ona) dobrze.

4. Czy kochasz .... (ja)?

5. Kocham .... (wy).

6. Jak długo na .... (one) czekasz?

7. Moja matka czeka na .... (on).

8. Bardzo lubimy .... (on)

9. Adam czeka na .... (ona).

10. Hallo! Słyszycie .... (ja) dobrze?

문제 3 다음 예문과 같이 적절한 의문형용사를 사용하여 문장을 완성하시오.

np.) Znam twojego brata. Czyjego brata znasz?

1. Dziecko śpiewa tę piosenkę. .... piosenkę śpiewa dziecko?
2. Kupuję bilet tramwajowy. .... bilet kupujesz?
3. Czytamy wiersz Szymborskiej. .... wiersz czytacie?
4. Znam piękną aktorkę. .... aktorkę znasz?
5. Ania ma małego kota. .... kota ma Ania?
6. Tomek czeka na moją matkę. Na .... matkę czeka Tomek?
7. Maria czyta powieść Sienkiewicza. .... powieść czyta Maria?
8. Oglądamy interesujący film. .... film oglądacie?
9. Wierzę w tego człowieka. W .... człowieka wierzysz?
10. Oni oglądają stare zdjęcie. .... zdjęcie oni oglądają?

07 명사와 형용사의 단수 소유격
Dopełniacz l. p.

단어의 소유격 형태는 문장에서 가장 많이 사용된다.

이 말은 문장에서 소유격의 역할이 그 만큼 많다는 것이다.

또한 모든 격 어미를 소유격 어간에 덧붙이기 때문에, 소유격 형태가 가장 중요하다고 할 수 있다.

I. 단수 소유격 어미 형태

	목적격(4격)	소유격(2격)	어미 형태		
			형용사	명사	
남성	wysokiego studenta dobrego ojca tego pana mądrego psa starego kolegę	wysokiego studenta dobrego ojca tego pana mądrego psa starego kolegi	-ego	생물	-a (소유격=목적격)
	mały pokój ładny dom	małego pokoju ładnego domu		무생물	-u
여성	czystą ulicę moją szkołę wysoką studentkę dobrą matkę miłą sąsiadkę tę panią	czystej ulicy mojej szkoły wysokiej studentki dobrej matki miłej sąsiadki tej pani	-ej	-y -i	
중성	dobre dziecko nudne miasto krótkie życie ładne imię stare muzeum	dobrego dziecka nudnego miasta krótkiego życia ładnego imienia starego muzeum	-ego	-a	

1. 남성 생물 명사는 -a, 형용사는 -ego

남성 생물 명사는 목적격과 소유격 형태가 같다.

ten student (이 대학생) - tego studenta

mój ojciec (나의 아버지) - mojego ojca

mały kot (작은 고양이) - małego kota

duży pies (큰 강아지) - dużego psa

2. 남성 무생물 명사는 -u / -a, 형용사는 -ego

남성 무생물 명사는 일반적으로 어미 -u를 덧붙인다.
그러나 지소명사, 신체의 일부분, 용구, 도구를 가리키는 명사 외에도 화폐 단위, 자동차나 담배 브랜드명, 일부 음식 명사 등에는 어미 -a를 덧붙인다.
(어미 -a를 붙이는 단어들을 의미에 상관없이 그냥 암기하는 것이 좋다!)

ten dom (이 집) - tego domu

mój obraz (나의 그림) - mojego obrazu

dobry samochód (좋은 자동차) - dobrego samochodu

zegarek (손목시계) - zegarka

zamek (성(城), 자물쇠) - zamka

palec (손가락) - palca

język (혀, 언어) - języka

talerz (접시) - talerza

komputer (컴퓨터) - komputera

dolar (달러) - dolara

papieros (담배) - papierosa

mercedes (메르체데스) - mercedesa

chleb (빵) - chleba

ser (치즈) - sera

szpital (종합병원) - szpitala

목적격 형태에서 보았듯이 소유격에서 형태에서도 어간에서 모음변화가 나타난다.
특히 소유격 형태(어간+어미)를 정확히 외워두어야 한다.
이어서 배울 다른 격들(기구격, 장소격, 여격, 복수의 여러 격들)의 어미를 단수 소유격 어간에 붙인다!

e → ø : garnek (냄비): garnk-a (소유격), grank-iem (기구격), garnk-u (장소격)

ó → o : stół (탁자): stoł-u (소유격), stoł-em (기구격), stoł-y (복수 주격)

ą → ę : mąż (남편): męż-a (소유격), męż-em (기구격), męż-owi (여격)

3. 여성 명사는 -y / -i, 형용사는 -ej.

여성명사에는 어미 –y를 덧붙인다.

그러나 어간이 –k, g로 끝난 경우에는 소유격 어미 –i를 붙인다.

또한 어간이 연음과 기능적 연음 –l로 끝날 때도 어미 –i를 붙인다.

명사가 –ia로 끝난 여성 명사가 폴란드어 고유어일 때는 어미 –a를 생략하면 되지만, 외래어인 경우에는 –i를 덧붙여, 소유격 어미가 –ii가 된다.

moja siostra (나의 누이) - mojej siostry

ciężka praca (고된 일) - ciężkiej pracy

matka (어머니) - matki

droga (도로, 길) - drogi

restauracja (레스토랑) - restauracji

rola (역할) - roli

powieść (소설) - powieści

kawiarnia (카페) - kawiarni

kuchnia (부엌) - kuchni

Ania (아니아(여자이름)) - Ani

historia (역사) - historii

Maria (마리아(여자이름) - Marii

4. 중성 명사는 -a, 형용사는 -ego.

-um으로 끝나는 중성명사는 단수에서는 격변화 하지 않는다!

okno (창문) - okna

zwierzę (동물) - *zwierzęcia*

muzeum (박물관) - muzeum

mieszkanie (아파트) - mieszkania,

imię (이름) - *imienia*

-ę 으로 끝난 단어의 소유격 어간에도 주의할 것!
-ę으로 끝나는 동물 중성명사는 zwierzę처럼, 무생물 중성명사는 imię처럼 변화한다: cielę (송아지) - cielęcia, ramię (어깨) - ramienia

II. 소유격 활용

1. '-의' 라는 소유

소유를 나타내는 형용사적 역할을 한다.
이때 꾸며주는 단어 뒤에 위치한다. (명사+명사 - 뒤의 명사, 소유격)

dom mojego ojca (나의 아빠의 집),
numer jego telefonu (그의 전화 번호),
praca matki (엄마의 일)

2. 부정문의 목적어는 소유격

긍정문의 직접목적어가 목적격으로만 쓰였을 경우, 부정문에서는 직접목적어가 소유격이 되어야 한다.

Czytam gazetę. (나는 신문을 읽는다.)
→ Nie czytam gazety. (나는 신문을 읽지 않는다.)

동사가 목적격이 아닌 다른 격을 목적어로 취했을 경우 부정문에서 소유격으로 바뀌지 않는다!!

Uczę się języka polskiego. - Nie uczę się języka polskiego.
(나는 폴란드어를 배우고 있다.) (나는 폴란드어를 배우지 않는다.)

또한 동사가 목적어로 목적격을 취했어도, 전치사 다음의 목적격은 부정문에서도 항상 목적격으로 사용된다!

Czekam na autobus. - Nie czekam na autobus.
(나는 버스를 기다리고 있다.) (나는 버스를 기다리고 있지 않다.)

3. '없다'의 주어는 소유격

być 동사의 뜻이 존재를 의미하는 경우에, 부정문에서 주어는 소유격으로 쓴다.

Tam jest miejsce. (저기에 자리가 있다.)
→ Tam nie ma miejsca. (저기에 자리가 없다.)

부정문의 주어가 복수여도 '없다'의 술어는 항상 'nie ma'입니다.

Na stole są gazety. (탁자에 신문들이 있습니다.)
Na stole nie ma gazet. (탁자에 신문들이 없습니다.)

즉, 수와 관계없이 '없다'의 현재시제는 항상 'nie ma'이다.
과거시제 또한 수와 관계없이 항상 'nie było',
미래시제는 항상 'nie będzie' !!!

위의 문장처럼 소유격은 문장에서의 기능이 다양하다.
주어로도 사용되고(동사 때문에!), 부사어 또는 술어로도 표현된다.

예문) Wody ubywa (물이 줄어들다. - 소유격의 주어),
Stało się to tej nocy (그것은 그 밤에 일어났다. - 소유격의 시간부사구),
Książka jest brata (책은 형의 것이다. - 소유격의 술어)

4. 목적어로 소유격을 취하는 동사;

bać się (두려워하다)
brakować/braknąć (부족하다)
domyślać się (추측하다)
doliczyć się (모자르다)
najeść się (많이 먹다)
nabrać (많이 가져오다; 얻다)
oczekiwać (기다리다; 기대하다)
odmawiać (거절하다)
pilnować (감시하다; 주시하다)
potrzebować (필요하다)
pragnąć (원하다)
słuchać (듣다)
szukać (찾다)
unikać (피하다)
uczyć się (배우다)
wymagać (요구하다; 필요로 하다)
żałować (후회하다)
życzyć (기원하다; 바라다)

Boję się egzaminu. (나는 시험이 두렵다.)
Brakuje mi czasu. (나는 시간이 부족하다.)
Matka pilnuje dziecka. (엄마는 아이를 지켜보고 있다.)
Potrzebuję pieniędzy. (나는 돈이 필요하다.)
Słucham muzyki. (나는 음악을 듣고 있다.)
Adam szuka mieszkania. (아담은 아파트를 구하고 있다.)
Uczymy się języka polskiego. (우리는 폴란드어를 배운다.)
Żałuję straconego czasu. (나는 잃어버린 시간을 후회한다.)
Życzę ci wszystkiego najlepszego! (나는 너에게 모든 것이 잘되기를 바란다!)

5. 수·양 단위 명사 다음엔 소유격

수량 단위를 나타내는 단어와 함께 쓰였을 경우,
그리고 숫자에서 2 이상의 남성사람명사와 5 이상의 기수 다음에 나오는 명사는 복수 소유격으로 사용되어야만 한다.

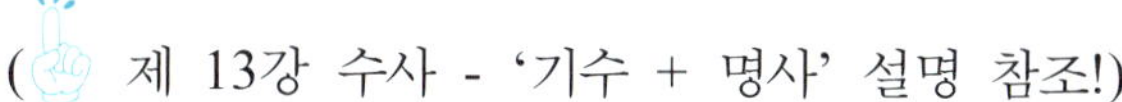
(제 13강 수사 - '기수 + 명사' 설명 참조!)

Proszę kilo cukru. (1kg의 설탕을 주세요.)
Wystarczy kilka chlebów. (여러 개의 빵으로 충분하다.)
Kup trochę jarzyn! (야채를 조금 사라!)

Dwóch <Trzech, Czterech> panów idzie.
(2 <3, 4>명의 남성분들이 걸어가고 있다.)

Pięć <Sześć ...> pań idzie. (5 <6, ...> 명의 여성분들이 걸어가고 있다.)

W sali jest siedem <osiem ...> okien. (방(홀)에 7 <8, ...>개의 창문들이 있다.)

Pije mleko. (목적격-4격): 그는 우유를 마시다.

Pije mleka. (소유격-2격): 그는 약간의 우유를 마시다.

(위의 두 문장은 의미 차이가 있다. 'pić(마시다)'라는 동사는 기본적으로 목적어로 목적격을 요구한다. 그런데 부정문도 아닌데, 목적어가 목적격이 아닌 소유격으로 표현되었을 경우, 수량의 의미가 포함되어서 '약간의 우유를 마시다'라는 뜻이 된다.)

6. 소유격과 함께 쓰이는 전치사;

bez (-없이, without)

dla (-를 위해, for)

oprócz (-을 제외하고, except)

u (-집에, at)

z (-로부터<장소>, from)

do (-로, to)
- Iść / pójść do czego (Dop.) (-로 가다)
- zbliżać / zbliżić się do czego (D.) (-에 가까이 가다)
- (na)pisać co(Biernik) do kogo (D.) (-을 -에게 쓰다)
- (za)dzwonić do kogo (D.) (-에게 전화하다)

koło (-주위에, by)

obok (바로 옆에, near)

od (-로부터, from)
- uciekać / uciec od kogo, czego (-로부터 도망치다)
- wiedzieć od kogo, czego (-로부터 알게되다)
- (u)słyszeć o czym(Miejsc.) od kogo (-에 대해 -로부터 듣다)

Proszę herbatę bez cytryny. (레몬을 뺀 차를 주세요.)

Kupuję lalkę dla swojej córki. (나는 나의 딸을 위해 인형을 사고 있다.)

Jadę do kolegi / Krakowa / sklepu. (나는 친구에게 / 크라쿠프로/가게에 간다.)

Piszę list do ojca. (나는 아빠에게 편지를 쓰고 있다.)

Dzwonię do matki. (나는 엄마에게 전화한다.)

Janek siedzi koło ściany. (야넥은 벽 근처에 앉았다.)

Usiądź obok mnie! (내 옆에 앉아라!)

On ucieka od ludzi. (그는 사람들로부터 도망친다.)

Wiem to od niego. (나는 그것을 그로부터 알게 되었다.)

Słyszałem o tym od niej. (나는 그것에 대해 그녀에게서 들었다.)

Od niedzieli jestem na urlopie. (나는 일요일부터 휴가다.)

Lubię wszystkie owoce oprócz gruszek. (나는 배를 제외한 모든 과일을 좋아한다.)

Mieszkam u kolegi. (나는 친구 집에서 산다.)

Jestem z Korei. (나는 한국에서 왔다/ 한국 출신이다.)

7. 특정한 시간을 나타내는 표현은 소유격으로!;

Dzisiejszej nocy źle spałem. (나는 오늘 밤 잠을 잘 못잤다.)

Następnego dnia obudziłem się z bólem głowy.

(다음날 나는 두통 때문에 일어났다.)

Minionej nocy padał ulewny deszcz. (지난 밤 폭우가 내렸다.)

Ubiegłego roku było upalne lato. (작년 여름은 폭염이었다.)

Pierwszego Maja odbył się pochód. (5월 1일에 행진이 있었다.)

특정한 날짜, 연도 표현도 소유격으로 한다.

일(서수로 표현 - '수사 - 서수' 참조)

1일 - pierwszy

1일에 - pierwszego

5월 1일에 - pierwszego Maja

(일, 월 모두 소유격으로 표현한다. 일, 날은 'dzień' 남성명사이므로, 며칠인지는 서수인 남성 형용사로 표현한다.)

월 명

1월 styczeń - 1월에 stycznia (소유격) / w styczniu (장소격)
2월 luty - 2월에 lutego / w lutym
3월 marzec - 3월에 marca / w marcu
4월 kwiecień - 4월에 kwietnia / w kwietniu
5월 maj - 5월에 maja / w maju
6월 czerwiec - 6월에 czerwca / w czerwcu
7월 lipiec - 7월에 lipca / w lipcu
8월 sierpień - 8월에 sierpnia / w sierpniu
9월 wrzesień - 9월에 września / we wrześniu
10월 październik - 10월에 października / w październiku
11월 listopad - 11월에 listopada / w listopadzie
12월 grudzień - 12월에 grudnia / w grudniu

III. 인칭 대명사의 소유격

주 격	소 유 격		주 격	소 유 격	
ja	mnie	= 목적격	my	nas	= 목적격
ty	ciebie/cię		wy	was	
on, ono	jego/niego/go		oni, one	ich/nich	
ona	jej/niej				

단, 복수 1, 2인칭의 소유격 형태는 목적격과 같다.

그리고 위에서 설명한 활용들에서 인칭대명사의 소유격이 사용되므로, 소유의 의미인 '나의, 너의, 우리의, 너희의' 뜻으로 쓰이지 않는다.

그리고 이미 배웠듯이, 1,2인칭의 소유는 형용사 형태의 소유형용사로, 뒤의 명사와 성, 수, 격을 일치하여 표현되어야 한다.

(mój <moja, moje>, twój <twoja, twoje>, nasz <nasza, nasze>, wasz <wasza, wasze>)

Dzwonię do ciebie. (나는 너에게 전화를 한다.)

Dla nas kupuję chleb. (나는 우리들을 위해 빵을 산다.)

Nie ma mnie w domu. (나는 집에 없다.)

Szukam ich. (나는 그들을 찾고 있다.)

Dzwonię do twojego brata. (나는 너의 남자형제에게 전화하고 있다.)

Dzwonię do twojej siostry. (나는 너의 누이에게 전화하고 있다.)

Dla naszej rodziny kupuję chleb. (나는 우리 가족을 위해 빵을 산다.)

그리고 단, 복수 3인칭의 소유격 형태는 소유격 활용 문장과 함께, '그의, 그녀의, 그것의, 그들의'라는 소유 의미로도 표현된다.

소유의 의미로 사용될 때에는, jego(그의), jej(그녀의), ich(그들의)만 쓴다.

목적격에서도 설명하였듯이, 동사가 소유격을 취할 때에는, 'go, jej, ich'로 표현되고, 소유격을 취하는 전치사 다음에는 'niego, niej, nich'로 표현된다.

Nie kocham go / jej / ich. (나는 그를(그녀를, 그들을) 사랑하지 않는다.)

Dzwonię do niego / niej / nich. (나는 그에게(그녀, 그들에게) 전화를 한다.)

Znam jego(jej, ich) adres. (나는 그의(그녀, 그들의) 주소를 알고 있다.)

함께 풀어봅시다.

문제 1 다음 문장을 부정문으로 바꾸시오.

1. Znam tego człowieka.

2. Ewa czyta ciekawą powieść.

3. Marek ogląda nudny film.

4. Zwiedzamy stare muzeum.

5. Czy kochasz moją siostrę?

6. Lubię czerwone wino.

7. Ojciec kupuje piękny kapelusz.

8. Mam dobrą żonę.

9. Brat ma małego psa.

10. Kogo kochasz?

11. Co lubisz?

12. Kocham ją.

13. Widzę je.

14. Mamy ochotę na zimne piwo.

15. Czekacie na ten autobus.

문제 2 다음 문장을 완성하시오.

1. To jest książka .... (małe dziecko).

2. To jest mieszkanie .... (mój kolega).

3. Uczymy się .... (język polski).

4. Ten student boi się .... (ten egzamin).

5. Bardzo lubię słuchać .... (stare radio).

6. Szukam .... (mój klucz).

7. Potrzebuję .... (woda mineralna).

8. Koleżanka potrzebuje .... (tani komputer).

9. Kupuję prezent dla .... (mój syn).

10. W sobotę jest u .... (dobry uczeń).

11. Piszę list do .... (moja matka).

12. Babcia zawsze pije herbatę bez .... (cytryna).

13. .... (co) potrzebujecie?

14. Do .... (kto) idziesz?

15. Macie za dużo .... (sól).

16. Proszę pół kilo .... (cukier).

17. Nie mamy .... (czas).

18. Już nie ma .... (Adam).

19. W sklepie nie ma .... (Ewa).

20. Jedziemy do .... (Polska).

21. Jadę do .... (Seul).

문제 3 다음 예문과 같이 적절한 의문형용사를 사용하여 문장을 완성하시오.

np.) Nie znam twojego brata. Czyjego brata znasz?

1. Dziecko nie śpiewa tej piosenki. .... piosenki nie śpiewa dziecko?

2. Piszę list do tego kolegi. Do .... kolegi piszesz?

3. Nie ma dżemu truskawkowego. .... dżemu już nie ma?

4. Uczymy się języka rosyjskiego. .... języka się uczycie?

5. W parkingu nie ma samochodu Marii. .... samochodu nie ma?

6. To jest kwiat dla pięknej kobiety. Dla .... kobiety to jest kwiat?

7. Józef idzie do pokoju numer 3. Do .... pokoju idzie Józef?

8. Potrzebuję dużego słownika. .... słownika potrzebujesz?

9. Szukam mojej książki. .... książki szukasz?

10. To jest pióro mojego nauczyciela. .... to jest pióro?

명사와 형용사의 단·복수 기구격 Narzędnik l. p. & l. mn.

I. 기구격(도구격)이란?

기구격이란 말 그대로 기구, 도구를 이용한다는 의미이다.

예를 들어, '나는 연필로 편지를 쓰다'라는 문장에서 '연필로'라는 표현을 기구격으로 쓰면 된다. 'Piszę list ołówkiem.'

교통수단을 이용하는 표현도 기구격으로 한다:

'Jadę do domu autobusem.' (나는 버스를 타고 집에 간다.)

기구격은 폴란드어 문장에서 주격, 소유격, 목적격 다음으로 많이 쓰이는 격이다.

그 외에도 기구격을 요구하는 동사 또는 전치사들이 있다.

II. 기구격 어미 형태

1. 단수 남성과 중성 명사: -em
2. 단수 여성 명사: -ą
3. 단수 남성과 중성 형용사: -ym/-im
4. 여성 형용사: -ą
5. 복수 명사: -ami (성의 구별없이 쓰임)
6. 복수 형용사: -ymi/-imi

문장에서 기구격 표현은 '-ym(형용사) -em(명사)'(남성 & 중성 단수), '-ą -ą'(여성 단수), '-ymi -ami'(복수). 이렇게 형용사와 명사가 같은 운율로 끝이 난다.

주의할 것은 명사의 기구격 어미를 주격 어간에 붙이는 것이 아니라, 소유격 어간에 기구격 어미를 덧붙이는 것이다. 그러므로 주격과 소유격 어간이 다른, 즉 음운변화(e → ø, ó → o, ę → ą)가 일어나는 단어들에 주의해서 격어미를 붙여야 한다:

e → ø : ojciec [주격],
ojca [소유격: ojc-a], ojcem [기구격: ojc-em]

ó → o : samochód [주격],
samochodu [소유격: samochod-u], samochodem [기구격: samochod-em]

ą → ę : mąż [주격]
męża [소유격: męż-a], mężem [기구격: męż-em]

다음 표를 보며 기구격 어미를 숙지하자.

		주격(1격)	기구격(5격)	어미 형태	
				형용사	명사
단수	남성	miły Koreańczyk dobry ojciec mądry student ten pan czarny kot piękny dom	miłym Koreańczykiem dobrym ojcem mądrym studentem tym panem czarnym kotem pięknym domem	-ym/-im	-em
	중성	dobre dziecko krótkie życie ładne imię stare muzeum	dobrym dzieckiem krótkim życiem ładnym imieniem starym muzeum		
	여성	dobra matka mądra studentka ta pani ciężka praca	dobrą matką mądrą studentką tą panią ciężką pracą	-ą	-ą
복수		uczniowie studenci	uczniami studentami	-ymi/-imi	-ami (-mi)

복수 명사에서 -ami로 끝나지 않고 -mi로 끝나는 명사도 있다.

przyjaciel (친구)	-	przyjaciół-mi	koń (말(馬))	-	koń-mi
ksiądz (신부;목사)	-	księż-mi	liść (잎)	-	liść-mi
brat (남자형제)	-	brać-mi	pieniądz (돈)	-	pieniędz-mi
człowiek (사람)	-	ludź-mi	dłoń (손바닥)	-	dłoń-mi
dziecko (어린아이)	-	dzieć-mi	nić (실)	-	nić-mi
			kość (뼈)	-	kość-mi

III. 기구격 활용

1. 문장의 기능 - 술어 또는 목적어

기구격은 문장에서 술어 또는 목적어의 역할을 한다.

특히 'być, zostać' 와 같은 동사와 함께 명사가 쓰여서, '-이다, -되다'라는 표현(술어)을 할 때 명사를 기구격으로 표현한다.

Jestem Koreańczykiem. (나(男)는 한국인이다.)

Brat jest lekarzem. (형은 의사이다)

Chcę zostać nauczycielką. (나(女)는 선생님이 되고 싶다.)

다음은 기구격이 목적어의 역할을 하는 예문들이다.

이 문장들의 목적어로 기구격으로 표현해야만 하는 이유는 바로 '동사'에 있다. 바로 동사가 기구격을 요구하기 때문이다.

Rządzi państwem. ((그/그녀는) 국가를 통치한다.)

Interesuję się literaturą polską. (나는 폴란드 문학에 관심이 있다.)

To jest student. (이 사람은 학생입니다.)

Jest studentem. (그는 학생입니다.)

('to jest ...' 로 이끄는 문장에서 보어는 주격으로 쓰이지만, '-이다' 의 뜻으로 być + 보어로는 기구격(5격)으로 써야만 한다.)

2. 수단 방법을 표현할 때:

Piszę ołówkiem. (나는 연필로 쓴다.)

Jadę autobusem. (나는 버스를 타고 간다.)

3. 기구격을 요구하는 동사들

bawić się (놀다)
być/ zostać (-이다; -되다)
(u)cieszyć się (기쁘다)
(z)martwić się (걱정하다)
interesować się (흥미있다)
opiekować się (돌보다)
rządzić (다스리다)
wyróżniać się (구분되다)
zajmować się (맡고 있다; 돌보다)

예문) Dziewczynki bawią się lalkami. (소녀들이 인형들을 갖고 논다.)
Renata cieszy się nową sukienką. (레나타는 새 치마로 기쁘다.)
Ojciec martwi się synem. (아버지는 아들을 걱정한다.)
Interesuję się filmem polskim. (나는 폴란드 영화에 관심이 있다.)
Moja matka zajmuje się domem. (나의 어머니는 가정 주부이다.)

4. 기구격을 요구하는 전치사들

między (-사이에) wybierać + między + N + a + N (-와 -사이에서 선택하다)

nad/ponad (-위에)

pod (-아래에)

przed (-앞에)

za (-뒤에) tęsknić + za + N (-을 그리워하다)

poza (-이외에)

z (-함께) spotkać/spotykać się + z + N (-와 만나다)

예문) Musisz wybierać między prawdą a kłamstwem.
(너는 참과 거짓 중에 선택을 해야만 한다.)
Spędzę wakacje nad morzem. (나는 방학을 바닷가에서 보낼 것이다.)
Samolot do Francji leci nad Belgią.
(프랑스행 비행기는 벨기에 위를 날고 있다.)
Pantofle są pod łóżkiem. (슬리퍼는 침대 밑에 있다.)
Auto stoi przed domem. (차는 집 앞에 있다.)
Przed egzaminem trzeba się dużo uczyć.
(시험 전에 많이 공부해야만 한다.)
Za oknem pada. (창문 너머로 비가 내린다.)
Tęsknię za rodziną. (나는 가족을 그리워한다.)
Poza tobą, nikogo więcej tu nie znam.
(나는 이곳에서 너를 제외하고는 더 이상 어느 누구도 알지 못한다.)
Idę z kolegą. (나는 친구와 함께 간다.)
Spotkamy się z wami jutro. (우리는 내일 너희들을 만날 것이다.)

IV. 인칭 대명사의 기구격

<table>
<tr><th>주격</th><th>기구격</th><th>주격</th><th>기구격</th></tr>
<tr><td>ja</td><td>mną</td><td>my</td><td>nami</td></tr>
<tr><td>ty</td><td>tobą</td><td>wy</td><td>wami</td></tr>
<tr><td>on, ono</td><td>nim</td><td rowspan="2">oni, one</td><td rowspan="2">nimi</td></tr>
<tr><td>ona</td><td>nią</td></tr>
</table>

인칭대명사의 주격은 문장에서 생략하고 동사로만 표현하는 것이 일반적이다.

그러나 인칭대명사의 다른 격들은 문장에서 많이 쓰인다.

소유격과 목적격은 쉽게!~ 'kochać' (사랑하다) 동사와 함께 표현하여 외우면, 좀 더 쉽게! 빨리 암기 할 수 있을 것이다:

'Kochasz mnie?' (너 나 사랑해?), 'Kocham ciebie.' (난 널 사랑해)

그리고 기구격은 전치사 z 와 함께 표현해서 외워보자!

ze mną (나랑), z nami (우리와 함께)

z tobą (너랑), z wami (너희와 함께)

z nim (그와 함께), z nią (그녀와 함께), z nimi (그들, 그녀들과 함께)

예문) (czy) Jedziesz na koncert ze mną? (너 나랑 콘서트에 갈래?)

Z tobą chcę oglądać ten film. (나는 너랑 그 영화를 보고 싶다.)

함께 풀어봅시다.

문제 1 다음 문장을 완성하시오.

1. Jestem .... (dobry student).
2. Moja siostra jest .... (miła matka).
3. To dziecko chce być .... (znany aktor).
4. Interesujemy się .... (polskie jedzenie).
5. Król dobrze rządzi .... (ten kraj).
6. Seul jest .... (stolica Korei).
7. Ludzie jadą do Pusanu .... (pociąg)
8. Jadę do domu .... (samochód).
9. Pies siedzi pod .... (mały stół)
10. Samochód stoi przed .... (bank)
11. Rozmawiam z .... (Marek i Joanna).
12. Spotykam się z .... (ta nauczycielka).
13. Pan Kim jest .... (wysoki Koreańczyk).
14. Pani Lee jest .... (ładna Koreanka).

15. Piotr jest .... (niska Polak).

16. Ella jest .... (szczupła Polka).

17. Dziecko je obiad .... (łyżeczka i widelec)

18. Z .... (kto) dyskutujesz?

19. .... (co) ona się zajmuje?

20. .... (Jaki ołówek) piszesz?

문제 2 다음 문장에 적절한 인칭대명사로 바꾸시오.

1. Z .... (ty) chcę iść na ten koncert.

2. Kto ze .... (ja) chce jechać?

3. Rozmawiamy z .... (oni).

4. Za .... (ona) idzie jej mąż.

5. Wieczorami ona spotyka się z .... (on).

6. Przed .... (my) jest Muzeum Narodowe.

7. Między .... (wy) a .... (ja) stoi Anna.

8. Ta pielęgniarka .... (one) się zajmuje.

9. Zawsze tęsknię za .... (ty).

10. Dziewczyna bawi się z .... (ono).

문제 3 다음 예문과 같이 제시어들을 복수 형태로 문장을 완성하시오.

np.) Idę do teartru z dobrymi kolegami. (dobry kolega)

1. Ten nauczyciel zajmuje się .... (to dziecko).

2. Idę do restauracji z .... (miły przyjaciel).

3. Matka tęskni za .... (swój brat).

4. Rodzice spotykają się z .... (mój profesor).

5. Interesuję się .... (chory człowiek).

6. .... (Jakie palec) jedzą Koreańczycy?

7. Oni są .... (pilny student).

8. Dla mnie polski i rosyjski są .... (trudny język).

9. Chłopiec interesuje się .... (ładna dziewczyna).

10. Dziewczyna interesuje się .... (mądry chłopiec).

명사와 형용사의 단.복수 장소격 Miejscownik l. p. & l. mn.

I. 장소격이란?

장소격은 장소를 나타내는 부사구로 사용된다.

이 때 장소를 나타내는 전치사 w 또는 na와 함께 표현된다. 이렇게 표현된 장소 부사구는 한 단어인 양 발음하고, 하나의 단어인 양 외워두는 것이 좋다.

장소의 의미가 아니지만, 장소격을 요구하는 전치사들(przy, o 등등)이나 동사구(예: myśleć się o + 장소격<-을 생각하다>)의 표현들도 있다.

장소격에는 꼭 전치사와 함께 표현되어야만 한다. (장소격 = 전치사격)

장소격과 함께 쓰이는 전치사들을 잘 알아두어야 한다.

또한 장소격 어미형태도 중요하다. 장소격 어미가 덧붙여지면서, 앞의 자음이 연음화되기 때문에, 폴란드어 처음 배울 때 공부했던, 자음의 경음, 연음, 기능적 연음을 다시 한 번 복습하고, 잘 알아두어야만 한다.

II. 장소격 어미 형태

1. 단수 남성과 중성 명사: -e, -u

-e: 장소격의 대표적인 어미로 어간이 경음으로 끝난 경우
  단 경음 중 k, g, ch는 제외.

-u: 어간이 연음, 기능적 연음으로 끝난 경우와 -k, g, ch로 끝난 경우

경음으로 끝난 몇몇 명사의 장소격 어미가 -u을 덧붙이는 것도 있다;

syn - o synu, *pan - o panu,* *dom - w domu,*
ołów - o ołowiu, *gołąb - o gołębiu,* *karp - o karpiu,*
ptak - o ptaku

2. 단수 여성 명사: -e. -i/y

-e: 어간이 경음으로 끝난 경우, 자음이 연음화가 된 후에 어미를 덧붙인다.
-i: 연음과 기능적 연음의 -l 로 끝난 경우.
-y: 기능적 연음(-l 을 제외한)으로 끝난 경우.

3. 복수 명사: -ach (성의 구별없이 쓰임)

단 국가명에서 세 국가(헝가리, 이탈리아, 독일)만 어미 -ech를 붙인다;
na Węgrzech, we Włoszech, na Niemczech

4. 단수 남성과 중성 형용사: -ym/-im

5. 여성 형용사: -ej

6. 복수 형용사: -ych/-ich

		주격(1격)	장소격(6격)	어미 형태	
				형용사	명사
단수	남성	ten sklep mały autobus szybki samolot dobry samochód	w tym sklepie w małym autobusie w szybkim samolocie w dobrym samochodzie	-ym/-im	-'e
		tamten bank parking szpital	w tamtym banku w parkingu w szpitalu		-u
	중성	stare kino piękne jezioro czyste miasto	w starym kinie w pięknym jeziorze w czystym mieście		-'e

		주격(1격)	장소격(6격)	어미 형태	
				형용사	명사
단수	중성	to mieszkanie dziecko morze	w tym mieszkaniu o dziecku w morzu	-ym/-im	-u
	여성	moja szkoła która godzina ciekawa książka	w mojej szkole o której godzinie o ciekawej książce	-ej	-'e
		ta kawiarnia praca noc	w tej kawiarni w pracy w nocy		-i/-y
복수		dobre domy wakacja rodzice	w dobrych domach na wakacjach o rodzicach	-ych/-ich	-ach

단수 장소격 어미는 성에 관계없이 -e입니다.

이때 조건은 단어의 어간이 경(자)음으로 끝났을 때이다. 그리고 이 경음이 '연음화'된다는 것!

폴란드어 자음의 음가(音價)를 정확히 알고 있어야만 한다.

연음화 된다는 것은 p - pi, b - bi, f - fi, w -wi, s - si, z - zi, m - mi, n - ni <경음 - 연음>이다. 철자가 완전히 다른 모양으로 바뀌는 연음화(구개음화)도 있다: t - ć(ci), d - dź(dzi), ł - l, r - rz, k - c, g - dz, ch - sz

sklep : w sklepie (sklepi-e / p - pi)

stół : na stole (stol-e / 소유격어간: stoł-u / ł - l)

Polak : o Polaku

Polska : w Polsce (Polsc-e / k - c)

świat : w świecie (świeci-e / a - e , t - ć)

'sklep' (가게) 단어는 자음으로 끝난 남성명사이다. 장소격 어미 '-e'를 덧붙이되, 어간 자음 p(경음)가 장소격 어미 -e 때문에 p'(pi)(연음)으로 바뀌어서 장소격 'sklepie'가 되는 것이다.

다시 한 번 더! - 폴란드어 격 어미는 소유격 어간에 격 어미를 붙인다. 그러므로 'stół' (탁자) 단어에서는 주격이 소유격으로 변화 과정에서 모음 변화를 이미 알고있으므로(stół : stołu), 소유격 어간 stoł- 에 장소격 어미 -e를 붙이고, 경음 ł가 기능적 연음 l 로 바뀌어 장소격은 stole가 된다.

남성명사와 여성명사 어간이 k, g, ch로 끝나는 경우, 장소격 어미가 서로 다르다!

남성명사는 장소격 어미 -u를, 여성명사는 장소격 어미 -e를 붙이고 자음이 k - c, g - dz, ch - sz 로 연음화 되어야만 한다:

남성명사 Polak - o Polaku (폴란드남자에 대해서),

여성명사 Polska - o Polsce (폴란드(국가)에 대해서)로 변화되는 것이다.

'świat' (세계) 단어에서는 위의 예시 단어 'stół'와 달리, 장소격 어미 -e 때문에 경음 t - 연음 ć(ci)로 바뀌면서, 앞의 모음 a도 같은 위치의 전설 모음 e로 변화되는 것을 알 수 있다; świat (주격) - świata (소유격) - w świecie (장소격)

III. 장소격과 함께 쓰는 전치사

이 장소격은 전치사격이라고도 불리운다. 왜냐하면 이 장소격은 항상 전치사를 동반하고 있기 때문이다. 그러면 이 장소격을 요구하는 전치사들에 대해 알아보자.

na (-에)
grać + na + Mjsc (악기) (-을 연주하다)
jeździć + na + Mjsc (-을 타다)

o (-에 대해)
marzyć + o + Mjsc (-을 꿈꾸다)
o + Mjsc (시각) (-(몇)시에)

po (-을<여기저기 - 장소>)
(-후에 <시간>)
podróżować + po + Mjsc (-을 여행하다)

przy (-옆에)

w (-에서)
być, chodzić + w + Mjsc (의복) (-을 입고있다)

예문) Dywan leży na podłodze. (카페트는 바닥에 깔려있다.)

Marysia studiuje na uniwersytecie. (마리샤는 대학에서 공부한다.)

Gram na pianinie. (나는 피아노를 친다.)

Jeżdżę na nartach i łyżwach. (나는 스키와 스케이트를 탄다.)

Opowiadałem Gosi o tobie i o Adamie.
(고샤한테 너와 아담에 대해서 얘기했다.)

Wpadnij do mnie o piątej. (다섯시에 나한테 와라.)

W tym roku będą podróżować po Europie.
(그들은 올 해에 유럽을 여행할 것이다.)

Po wykładzie pójdę na obiad. (나는 강의 후에 점심먹으러 갈 것이다.)

Nie mów tego przy ojcu. (아버지한테 그것을 얘기하지 마라.)

Lubię chodzić na płaszczu. (나는 외투입는 것을 좋아한다).

Mieszkam w Warszawie. (나는 바르샤바에서 살고 있다.)

IV. 시각(시간) 표현

폴란드어에서 시각(시간)은 기수가 아닌 서수로 표현한다.

서수는 형용사의 기능을 가지고 있다. 시각(시간)은 폴란드어로 'godzina'로 여성명사이다. 그러므로 시각(시간)은 서수의 여성 형용사로 표현하면 된다.

다음은 시각 24시까지의 표현이다:

pierwsza	(1시)	-	o pierwszej	(1시에)
druga	(2시)	-	o drugiej	(2시에)
trzecia	(3시)	-	o trzeciej	(3시에)
czwarta	(4시)	-	o czwartej	(4시에)
piąta	(5시)	-	o piątej	(5시에)
szósta	(6시)	-	o szóstej	(6시에)
siódma	(7시)	-	o siódmej	(7시에)
ósma	(8시)	-	o ósmej	(8시에)
dziewiąta	(9시)	-	o dziewiątej	(9시에)
dziesiąta	(10시)	-	o dziesiątej	(10시에)
jedenasta	(11시)	-	o jedenastej	(11시에)
dwunasta	(12시)	-	o dwunastej	(12시에)
trzynasta	(13시)	-	o trzynastej	(13시에)
czternasta	(14시)	-	o czternastej	(14시에)
piętnasta	(15시)	-	o piętnastej	(15시에)
szesnasta	(16시)	-	o szesnastej	(16시에)
siedemnasta	(17시)	-	o siedemnastej	(17시에)

osiemnasta	(18시)	-	o osiemnastej	(18시에)
dziewiętnasta	(19시)	-	o dziewiętnastej	(19시에)
dwudziesta	(20시)	-	o dwudziestej	(20시에)
dwudziesta pierwsza	(21시)	-	o dwudziestej pierwszej	(21시에)
dwudziesta druga	(22시)	-	o dwudziestej drugiej	(22시에)
dwudziesta trzecia	(23시)	-	o dwudziestej trzeciej	(23시에)
dwudziesta czwarta	(24시)	-	o dwudziestej czwartej	(24시에)

'몇 시 입니까?' 라는 폴란드어 표현은 'Która godzina?' 이다.

시각을 선별하는 의문형용사 'który'로 물어서, godzina (시각, 시간)이 여성 명사이기 때문에, 의문형용사도 여성으로 표현하는 것이다.

그리고 대답도 위에서 보듯이 여성형으로 대답하면 된다.

그러나 일상생활 표현에서는 시각을 묻는 표현보다, '몇시에? ~'라는 질문을 더 많이 사용한다. 이 때 질문은 전치사 o와 함께 쓰여서 'O której godzinie?' 형용사, 명사 모두 장소격으로 바꾸어 질문을 해야 하고, 대답도 전치사 o와 함께 쓰여 장소격 여성 형용사 격 어미 -ej로 변화시키면 된다. 서수는 형용사처럼 격변화한다는 것! 그리고 일상 회화에서는 보통 'godzinie'를 빼고 질문하고 대답하곤 한다.

예문) Która (jest) godzina? (몇 시입니까?)

(Jest) Pierwsza. (1시입니다.)

O której (godzinie) zaczyna się wykład? (강의가 몇 시에 시작합니까?)

O drugiej (godzinie po południu) (오후 2시에.)

(제13강 수사 - '서수' 활용에 시각 표현 참조)

V. 인칭 대명사의 장소격

주격	장소격	주격	장소격
ja	o mnie	my	o nas
ty	o tobie	wy	o was
on, ono	o nim	oni, one	o nich
ona	o niej		

<인칭대명사의 장소격은 전치사 o와 함께 외워두자! 장소격은 항상 전치사와 함께 쓰인다.>

함께 풀어봅시다.

문제 1 다음 단어의 장소격을 쓰시오.

1. dom - w

2. mieszkanie - na

3. szkoła - w

4. uniwersytet - na

5. restauracja - w

6. kawiarnia - w

7. sklep - w

8. miasto - w

9. targ - na

10. Polska - w

11. Korea - w

12. Arab - w

13. Seul - w

14. Warszawa - w

15. Rynek - w

16. kino - w

17. teatr - w

18. pokój - w

19. muzeum - w

20. hotel - w

문제 2 다음 문장을 완성하시오.

1. Rozmawiamy o .... (piękna pogoda).

2. Twój sweter jest w .... (ta szafa).

3. To jest artykuł o .... (nasz akademik).

4. Dziecko marzy o .... (daleka podróż)

5. Twoje okulary leżą na .... (tamten stół).

6. Andrzej kocha się w .... (miła studentka).

7. Nie chce myśleć o .... (wy).

8. Nie zapomnę o .... (ty).

9. Julia boi się mówić przy .... (oni).

10. Michał to dobry przyjaciel. Mogę na .... (on) polegać.

11. W .... (grudzień) jadę do Ameryki.

12. W .... (czerwiec) zaczynają się wakacje.

13. Zwykle jemy kolację o .... (szósta).

14. Na .... (jaka wieś) mieszka babcia?

15. O .... (co) myślisz?

16. W .... (kto) się kocha Paweł?

17. W .... (które piętro) pracujesz?

18. O .... (która godzina) jest wykład?

19. Moje marzenie to podróż po .... (cały świat).

20. Lubię pić kawę po .... (obiad).

문제 3 다음 예문과 같이 제시어들을 복수 형태로 바꾸어 문장을 완성하시오.

np.) Marzę o dalekich podróżach. (daleka podróż)

1. Dziadek opowiada o .... (dawny czas).

2. W .... (czyj pokój) są te rzeczy?

3. W .... (wysoka góra) leży śnieg.

4. Dziecko mówi o .... (ten człowiek).

5. Kolega pisze o .... (tamten dzień).

6. To jest artykuł o .... (dzisiejszy problem).

7. Możesz zawsze na .... (mój przyjaciel) polegać.

8. Ewa mówi o .... (swoi rodzice).

9. W .... (Czechy) mieszka dużo Polaków.

10. Moi znajomi mieszkają w .... (Niemcy)

10 여격과 호격 Celnownik & Wołacz

I. 명사와 형용사의 단.복수 여격 (Celnownik l. p. & l. mn.)

여격은 문장에서 간접목적어에 해당된다.

예를 들어, '나는 친구에게 책을 주다'라는 문장에서 '나는' 주어, '친구에게'는 간접목적어, '책을'은 직접목적어, '주다'는 술어이다. 이 문장을 폴란드어로 표현해 보면, 폴란드어 인칭대명사는 생략되어도, 동사 활용에서 충분히 주어를 알 수 있다. '주다 dawać'를 1인칭 단수 현재 시제로 표현하면 'daję', 즉 이 동사 활용으로 주어와 술어는 표현되었고, '책을'은 목적격으로; 'książka' 여성단수 목적격 어미 ę을 붙이면, książkę, 그리고 '친구에게'는 여격으로; 'kolega' -a로 끝난 남성명사는 여성명사처럼 격변화하면 된다. 여성명사의 여격은 장소격과 같으므로, 어미 -e를, 그리고 자음 g 는 dz로! koledze. 지금까지 설명한 것을 폴란드어 문장으로 'Daję książkę koledze.' 표현된다.

그런데 주의해야 할 것은 우리말에서는 직접목적어로 표현되지만 폴란드어에서는 여격으로 표현되는 것이 있다. 이미 앞에서 폴란드어 동사가 목적어로 목적격이 아닌, 소유격 또는 기구격을 요구하는 것들이 있다는 것을 알고 있으므로, 당연히 여격을 요구하는 동사들도 있다. 대표적으로 '돕다 pomagać' 동사는 여격을 요구한다. 우리말은 '나는 엄마를 돕다'로 '엄마를' 직접목적어로 표현되나, 폴란드어는 여격으로 표현해야 한다: 'Pomagam matce.'

이렇게 여격을 요구하는 동사들, 기본적으로 알아두어야 할 동사들과 여격을 요구하는 전치사들을 이 강에서 배워보자.

폴란드어만의 독특한 표현이 있다. 생활표현으로 많이 쓰이는 여격 주어 구문이 바로 그것이다. 행위자의 주체적이고 능동적인 것이 아니라, 무언가가 행위자로 하여금 그렇게 만든다는 것으로, 대표적인 표현으로, '나는 만나서 반갑습니다. Miło mi', '나는 마음에 든다.

Podoba mi się' 같은 표현들이다.

여격을 요구하는 동사, 전치사 그리고 여격 주어 구문은 뒤에 좀 더 자세히 설명을 하겠다.
<제2부 11강 무인칭 구문을 참고!>

II. 여격 어미 형태

1. 단수 남성 명사는 -owi:

profesor - profesorowi, student - studentowi
단, 단음절로 끝나는 남성 명사는 -u:
ojciec - ojcu, pan - panu, brat - bratu, pies - psu
(여격 어미도 다른 격 어미와 마찬가지로 단수 소유격 어간에 붙인다!)

2. 단수 여성 명사: -e. -i/y

장소격과 같다.
-e: 어간이 경음으로 끝난 경우, 연음화가 된 후에 어미를 붙인다.
-i: 연음과 기능적 연음의 -l 로 끝난 경우.
-y: 기능적 연음(-l 을 제외한)으로 끝난 경우.

3. 단수 중성 명사는 -u

4. 단수 남성과 중성 형용사: -emu, 여성 형용사: -ej

5. 복수 명사: -om (성의 구별없이 쓰임)

6. 복수 형용사: -ym / -im

dobrym studentom (좋은 학생들에게)

III. 여격 활용

1. 간접 목적어

Daję studentowi tę książkę. (나는 학생에게 이 책을 주고 있다.)

dać 동사는 직접목적어와 간접목적어를 필요로 하는 동사이다. 그러므로 직접목적어는 목적격 형태인 'tę książkę'로, 간접목적어는 여격 형태인 'studentowi'로 표현한다.

2. 여격과 함께 쓰이는 동사

다음은 목적어로 여격을 요구하는 동사들이다.

다음 동사들은 우리말로 해석했을 때 직접목적어인 '-을, -를'로 사용되므로, 폴란드어에서도 당연히 목적격이 쓰이겠다고 생각하면 안된다!

odpowiadać (대답하다)
służyć (봉사하다)
wybaczać (용서하다)
pomagać (돕다)
ufać (믿다, 신뢰하다)
wierzyć (믿다) 등등

3. 여격과 함께 쓰이는 전치사

dzięki (-덕분에)
ku (-로; -를 향해)
przeciwko (-에 반대하여)
wbrew (-에도 불구하고)
na przekór (-에도 불구하고)

* przeciw + C			
syrop proszki okulary	przeciw	kaszlowi bólowi słońcu	기침약(시럽) 두통약(가루약) 선글라스

예문) Dzięki tobie zdałem egzamin. (네 덕분에 나는 시험을 통과했다.)
Idę ku domowi. (나는 집으로 간다.)
Walczymy przeciwko narkomanii. (우리는 마약에 반대하여 싸우고 있다.)
Wyjechał wbrew woli ojca. (그는 아버지의 소원에도 불구하고 떠났다.)
Ożenił się na przekór rodzinie. (그는 가족에 반대에도 불구하고 결혼했다.)

4. 주격의 주어을 쓰지 않고 여격을 사용하는 관용어 구문

다음은 여격 구문이다.
문장의 주어가 주격이 아닌 여격으로 표현되는 문장을 말한다.
폴란드어만의 독특한 표현 방식이므로 문장 전체를 외워두는 것이 좋다.

chce się / komu, czego / - -가 -을 원하다.
śni się / komu, co, o czym / - -가 -을, -에 대해 꿈꾸다.
zależy / komu, na czym / - -가 -을 염려하다.
starczy / komu, czego / - -가 -이 충분하다.
brakuje / komu, czego / - -가 -이 부족하다.
przybywa / komu, czego / - 늘어나다.
ubywa / komu, czego / - 줄어들다.
marzy się / komu, co, o czym / - 꿈꾸다.
powodzi się / komu, jak / - 되어가다. 일어나다.
nudzi się / komu / - 지루하다.
szczęści się / komu / - 행복하다.
idzie / komu, jak / - 되어가다.
wolno / komu, co / - 허락하다.
pilno / komu, do czego / - 부지런하다.
smutno / komu / - 슬프다.
tęskno / komu, za czym / - 그리워하다.
miło / komu / - 반갑다.
dobrze / komu / - 좋다.
źle / komu / - 나쁘다.
słabo / komu / - 약하다.
gorąco / komu / - 덥다.
wesoło / komu / - 기쁘다.
wygodnie / komu / - 편안하다.
żal / komu, czego / - -가 -을 후회하다.
szkoda / komu, czego / - 애처롭다. 유감스럽다.
wstyd / komu, czego / - 부끄럽다.
biada / komu / - 슬프다.

IV. 인칭 대명사의 여격

주격	여격	주격	여격
ja	mnie / mi	my	nam
ty	tobie / ci	wy	wam
on, ono	jemu / niemu / mu	oni, one	im / nim
ona	jej / niej		

긴 형태인, mnie, tobie, jemu 는 강조할 때 쓰인다.

예문) dzięki tobie (네 덕분에)

n- 형태는 전치사 앞에서만 쓰인다.

예문) dzięki niemu (그 덕분에)

V. 명사와 형용사의 호격 (Wołacz)

호격은 부를 때 사용하는 격이다.

그러므로 실생활에서 구어체로 많이 쓰인다.

이 호격은 문어에서는 서신의 첫머리에 쓰이기도 하고, 구어에서는 대화자간에 서로 부르는 호칭으로, 인사말에 사용된다.

이 호격은 주격으로 사용해도 된다.

1. 단수 중성명사와 모든 복수명사 그리고 단.복수의 형용사는 주격과 같다.

2. 단수 남성명사는 -e: 경음(k, g, ch 제외)으로 끝난 명사와 -ec 명사일 때.

-u: 연음이나 기능적 연음 그리고 k, g, ch로 끝난 명사일 때.

Drogi panie profesorze! (친애하는 교수님!)

Miły chłopcze! (착한 소년아!)

Marku! (마렉!)

3. 단수 여성명사는 -o: 경음으로 끝나거나 몇몇 연음으로 끝난 경우.
-a로 끝난 남성명사의 호격도 -o로 변합니다.
-u: 지소어인 여성명사인 경우.
-i/-y: 연음이나 기능적 연음으로 끝난 경우.

Anno! (안나!)
Kolego! (친구야!)
Matko! (어머니!)
Mamusiu! (엄마!)

함께 풀어봅시다.

문제 1 다음 문장을 완성하시오.

1. .... (kto) da kwiaty?

2. Zawsze pomagam .... (moja matka).

3. Nudzi się .... (to dziecko).

4. Chcesz dać ten prezent .... (dobry nauczyciel).

5. Proszę dać to .... (pan Piotr)

6. Czy .... (nasza babcia) podoba się ta torba?

7. Pożyczam tę książkę .... (mój sąsiad).

8. .... (który kot) dajesz mleko?

9. Ten aktor przygląda się .... (drogi zegarek, 복수)

10. Jest za zimno w tym pokoju .... (chore dziecko, 복수)

문제 2 다음 문장에 적절한 인칭대명사 형태를 넣으시오.

1. Dzięki .... (ty) mam pracę.

2. Proszę dać .... (ona) znać, kiedy będzie egzamin.

3. Barbara pożycza .... (ja) ten zeszyt.

4. Proszę nie przeszkadzać .... (oni)

5. Jacek .... (wy) się przygląda.

6. Zawsze barkuje .... (my) czasu.

7. Chce .... (on) się pić

8. Czy idzie .... (ty) dobrze?

9. Bardzo podoba (ja) się to mieszkanie.

10. Nauczyciel poradził .... (ja), żeby dalej studiować w Polsce.

11 명사 & 형용사의 복수 주격
Mianownik liczby mnogiej

폴란드어 명사 복수형에서는 남자명사에 대해 알아두어야 한다.

주의해야 할 것은 남성명사와 남자명사를 헷갈리면 안된다는 것!

남성명사는 그 의미에 따라 생물명사와 무생물명사로 나뉘어지고, 이 생물명사에서도 특히 남자명사(rodzaj męskoosobowy)로 세분화 될 수 있다. 그리고 그 나머지 명사는 비남자명사((rodzaj niemęskoosobowy)라 통칭한다. 여기에는 남성명사 중 동물과 무생물명사가 포함된다.

특히 남자명사를 제외한 명사들, 즉 남성명사 중 비남자명사와 여성과 중성명사의 복수 주격 형태는 복수 목적격과 동일하다.

남성 명사		
생물 (단수 소유격 = 단수 목적격)		무생물 (단·복수 주격 = 단·복수 목적격)
남자 (단·복수 소유격 = 단·복수 목적격)	비남자 (복수 주격 = 복수 목적격)	

형용사는 꾸며주는 명사와 성, 수, 격을 일치해야만 한다.

명사 복수 주격 형태가 크게 남자와 그렇지 않느냐로 나누어지기 때문에 형용사도 명사와 동일하게 나누어진다. 또한 남자가 아닌 비남자형(여성과 중성명사 포함)의 복수 주격 형태는 명사와 똑같이 복수 목적격과 같으며 단수 중성 형태(-e)와 동일하기도 하다.

I. 비남자명사의 복수 주격 (=목적격)

	단수	복수		
			어미	
			형용사어미	명사 어미
남성 (남자명사를 제외한 동물 & 무생물명사)	mały kot dobry dom piękny ptak ten parking biały koń mój klucz	małe koty dobre domy piękne ptaki te parkingi białe konie moje klucze	-e	-y -i (-k/-g로 끝난 경우) -e (연음/기능적 연음으로 끝난 경우)
여성	ładna siostra polska gazeta ważna rzecz moja matka ta droga smutna miłość miła pani tania restauracja zimna noc	ładne siostry polskie gazety ważne czeczy moje matki te grogi smutne miłości miłe panie tanie restauracje zimne noce		
중성	duże okno drogie mieszkanie polskie imię małe zwierzę stare muzeum	duże okna drogie mieszkania polskie imiona małe zwierzęta stare muzea		-a

1. 복수 어미 -y

어간이 경음으로 끝난(k, g를 제외) 남성생물과 무생물 명사

kot	: kot-y	stół	: stoł-y (ó:o)	
pies	: ps-y (e:ø)	długopis	: długopis-y	M = B
baran	: baran-y	ząb	: zęb-y (ą:ę)	

복수 격 어미도 단수 소유격 어간에 붙이는 것이다.
그래서 pies : ps-a : ps-y, stół : stoł-u : stoł-y, ząb : zęb-a : zęb-y

k, g를 제외한 경음으로 끝난 여성명사와 기능적 연음 -cz, -sz로 끝난 여성명사

żona	: żon-y	M = B	rzecz	: rzecz-y	M = B
ryba	: ryb-y		mysz	: mysz-y	

(☀ 예외 - poręcz : poręcz-e '난간, 기둥')

2. 복수 어미 -i

k, g로 끝나는 남성생물과 무생물 명사

ptak	: ptak-i	stolik	: stolik-i	M = B
ssak	: ssak-i	ołówek	: ołówk-i (e:ø)	
kotek	: kotk-i (e:ø)	twaróg	: twarog-i (ó:o)	
		krąg	: kręg-i (ą:ę)	

k, g로 끝나는 여성명사
-ć, -dź, -ś, -ź로 끝나는 여성명사

matka	: matk-i	M = B
noga	: nog-i	
część	: częśc-i	
złość	: złośc-i	
chęć	: chęc-i	
więź	: więz-i	
odpowiedź	: odpowiedz-i	
brew	: brw-i (e:ø)	

(☀ 불규칙 - ręka : ręce)

3. 복수 어미 -e

연음과 기능적 연음으로 끝나는 남성생물과 무생물 명사
그리고 몇몇 -b, -p, -w로 끝나는 남성생물명사

koń	: koni-e	grzebień	: grzebieni-e	
słoń	: słoni-e	gwóźdź	: gwoździ-e (ó:o)	
		dzień	: dni-e (dzi:d, e:ø)	
gołąb	: gołębi-e	klucz	: klucz-e	M = B
karp	: karpi-e	talerz	: talerz-e	
paw	: pawi-e	kopiec	: kopc-e (e:ø)	
jastrząb	: jastrzębi-e	pieniądz	: pieniądz-e	

연음 -ź, -ń, -dź로 끝나는 여성명사
-cz, -sz를 제외한 기능적 연음으로 끝나는 여성명사
어간이 연음이나 기능적 연음으로 끝나는 여성명사
어미 -i로 끝나는 여성명사

łódź	: łódzi-e	podróż	: podróż-e	
dłoń	: dłoni-e	praca	: prac-e	
gałąź	: gałęzi-e (ą:ę)	noc	: noc-e(noc-y)	
rola	: rol-e			
		marchew	: marchwi-e (e:ø, w:wi)	M = B
ziemia	: ziemi-e			
szyja	: szyj-e	gospodyni	: gospodyni-e	
idea	: ide-e	mistrzyni	: mistrzyni-e	
		pani	: pani-e	

4. 중성명사의 복수 어미 -a

okno	: okn-a	zwierzę	: zwierzęt-a	centrum	: centr-a	M = B
pole	: pol-a	cielę	: cielęt-a	muzeum	: muze-a	
zadanie	: zadani-a	ramię	: ramion-a			

-ę으로 끝나는 중성명사의 복수형의 어간 형태소가 -ęt-, -on- 이 된다.
-um으로 끝나는 중성명사의 복수형은 -um을 빼고, 복수 어미를 덧붙인다.

II. 남성-남자명사 복수 주격

남성남자명사 (Rzeczowniki Męskoosobowe)			
단수	복수		
		형용사 어미	명사 어미
mój ojciec dobry syn	moi ojcowie dobrzy synowie		-owie
ten Polak przystojny aktor mały chłopiec wysoki kolega	ci Polacy przystojni aktorzy mali chłopcy wysocy koledzy		-y (연음화) (어간이 -k, -g, -r, -ec 등으로 끝날 때)
zdolny student pracowity chłop wesoły Włoch gruby mężczyzna	zdolni studenci pracowici chłopi weseli Włosi grubi mężczyźni	-y / -i (연음화 현상)	-i (연음화) (어간이 경자음으로 끝날 때)
miły lekarz nasz gość stary przyjaciel aktywny Amerykanin	mili lekarze nasi goście starzy przyjaciele aktywni Amerykanie		-e (어간이 연음이나 기능적 연음으로 끝날 때)

1. 복수 어미 -y

-ga로 끝나는 남자명사

-ec(-owiec), -k, 몇몇 -r로 끝나는 남성남자명사

특히 이 남자명사들은 복수 어미형을 덧붙이고, 그 앞의 자음변화현상에 주의!
그리고 이 남성남자명사의 주격 복수형은 복수 목적격과 같지 않다.

kolega	koledz-y (g:dz)
chłopiec	chłopc-y (e:ø)
sportowiec	sportowc-y (e:ø)
kierownik	kierownic-y (k:c)
Koreańczyk	Koreańczyc-y
aktor	aktorz-y (r:rz)

2. 복수 어미 -i

경음으로 끝나는(k, g, r, -ec 제외) 남자명사
여기서도 앞의 자음의 연음화현상이 일어난다!

student	studenc-i (t:ci)
sąsiad	sąsiedz-i (a:e, d:dzi)
chłop	chłop-i (p:pi)
mnich	mnis-i (ch:si)
anioł	aniel-i (o:e, ł:l)
diabeł	diabl-i (e:ø, ł:l)

(☀ 불규칙 - brat : bracia)

3. 복수 어미 -owie

경음으로 끝나는 남자명사 중:
1) 혈연,
2) 직책이나 존칭,
3) -g, -n로 끝난 국명,
4) -ek,
5) 이름이나 성의 집합 등을 의미할 경우

syn	syn-owie
wujek	wujk-owie (e:ø)
poseł	posł-owie (e:ø)
minister	ministr-owie (e:ø)
pan	pan-owie
Fin	Fin-owie
Belg	Belg-owie
pan Nowak i pani Nowak	Nowak-owie
Jan i żona Jana	Jan-owie

연음 또는 기능적 연음으로 끝난 남자명사도 있다.

mąż	: męż-owie
widź	: widz-owie
uczeń	: uczni-owie (e:ø)

4. 복수 어미 -y/ -i 또는 -owie

-or, -er, -un, -log, -graf로 끝나는 남자명사

inżynier	: inżynierz-y (r:rz)		inżynier-owie
dyrektor	: dyrektorz-y		dyrektor-owie
minister	: ministrz-y		ministr-owie
geolog	: geolodz-y (g:dz)	또는	geolog-owie
biolog	: biolodz-y		biolog-owie
geograf	: geograf-i		geograf-owie
opiekun	: opiekun-i		opiekun-owie

5. 복수 어미 -e

연음 또는 기능적 연음, 그리고 -anin, -an으로 끝나는 남자명사

gość	: gości-e
lekarz	: lekarz-e
przyjaciel	: przyjaciel-e
smakosz	: smakosz-e
karierowicz	: karierowicz-e
kibic	: kibic-e

Amerykanin	: Amerykani-e
warszawianin	: warszawiani-e
chrześcijanin	: chrześcijani-e
wegetarianin	: wegetariani-e
Cygan	: Cygani-e

III. 불규칙 명사

człowiek - ludzie	dziecko - dzieci	oko - oczy
brat - bracia	rok - lata	ucho - uszy
dzień - dni / dnie	ręka - ręce	wieś - wsi / wsie

IV. 항상 복수인 명사

drzwi (문)	rodzice (부모님)
imieniny (세례받은 날; 명명일)	spodnie (바지)
nożyce (가위)	urodziny (생일)
okulary (안경)	

V. 형용사 복수 주격

1. 비남자형의 명사를 꾸며주는 형용사 복수 주격 어미 -e

단수 중성 형태와 동일하다.
그리고 이 복수 주격 형태는 복수 목적격 형태와 같다.

r. m.) dobry
r. ż.) dobra
r. n.) dobre
r. niemęskoos.) dobre

2. 남자명사를 꾸며주는 형용사 복수 주격 어미

1) -i

어간이 경음(r 제외), 연음, 기능적 연음 -sz, -rz이 끝난 경우
그리고 형용사 분사 형태인 -ny, -ony, -ty인 경우
복수 어미 -i를 붙이고, 앞의 자음은 연음화 현상이 일어난다.

ładny - ładni	kochany - kochani
gruby - grubi	zmęczony - zmęczeni
mały - mali	uśmiechnięty - uśmiechnięci
wesoły - weseli	
duży - duzi	głupi - głupi
młody - młodzi	tani - tani
pierwszy - pierwsi	ostatni - ostatni
prosty - prości	olbrzymi - olbrzymi

2) -y

어간이 경음 -r로 끝난 경우와 k, g로 끝난 경우
또한 어간이 -c, -cz, -dz, 그리고 능동 분사 형태인 -ący로 끝난 경우

dobry - dobrzy	obcy - obcy
stary - starzy	cudzy - cudzy
drogi - drodzy	uroczy - uroczy
wysoki - wysocy	interesujący - interesujący
polski - polscy	

VI. 형용사적 대명사의 복수 주격

단수	복 수	
	남성 남자	그 나머지형 (M = B)
ten	ci	te
mój / twój	moi / twoi	moje / twoje
nasz / wasz	nasi / wasi	nasze / wasze
który / jaki / czyj	którzy / jacy/ czyi	które / jakie / czyje

국가 & 국민 명사

국 가 명	국 민 (단 수)		국 민 (민 족)
	남 성	여 성	
Ameryka (미국)	Amerykanin	Amerykanka	Amerykanie
Anglia (영국)	Anglik	Angielka	Anglicy
Austria (오스트리아)	Austriak	Austriaczka	Austriacy
Australia (오스트렐리아)	Australijczyk	Australijka	Australijczycy
Belgia (벨기아)	Belg	Belgijka	Belgowie
Białoruś (백러시아)	Białorusin	Białorusinka	Białorusini
Brazylia (브라질)	Brazylijczyk	Brazylijka	Brazylijczycy
Bułgaria (불가리아)	Bułgar	Bułgarka	Bułgarzy
Chiny (pl) (중국)	Chińczyk	Chinka	Chińczycy
Czechy (pl) (체코)	Czech	Czeszka	Czesi
Francja (프랑스)	Francuz	Francuzka	Francuzi
Grecja (그리스)	Grek	Greczynka	Grecy
Hiszpania (스페인)	Hiszpan	Hiszpanka	Hiszpanie
Holandia (네덜란드)	Holender	Holenderka	Holendrzy
Izrael (이스라엘)	Izraelczyk	Izraelka	Izraelczycy
Japonia (일본)	Japończyk	Japonka	Japończycy
Kanada (카나다)	Kanadyjczyk	Kanadyjka	Kanadyjczycy
Korea (한국)	Koreańczyk	Koreanka	Koreańczycy
Litwa (리투아니아)	Litwin	Litwinka	Litwini
Niemcy (pl) (독일)	Niemiec	Niemka	Niemcy
Polska (폴란드)	Polak	Polka	Polacy
Portugalia (포루투갈)	Portugalczyk	Portugalka	Portugalczycy
Rosja (러시아)	Rosjanin	Rosjanka	Rosjanie
Rumunia (루마니아)	Rumun	Rumunka	Rumuni
Słowacja (슬로바키아)	Słowak	Słowaczka	Słowacy
Ukraina (우크라이나)	Ukrainiec	Ukrainka	Ukraińcy
Węgry (pl) (헝가리)	Węgier	Węgierka	Węgrzy
Włochy (pl) (이탈리아)	Włoch	Włoszka	Włosi

함께 풀어봅시다.

문제 1 다음 단어의 복수 주격 형태를 쓰시오.

1. trudny egzamin

2. mały samochód

3. dobra nauczycielka

4. stare muzeum

5. drogi ołówek

6. znany kościół

7. chore zwierzę

8. mój parasol

9. dzisiejsza gazeta

10. smutna wiadomość

11. wygodne mieszkanie

12. piękna dziewczyna

13. wierny pies

14. odważna pani

15. deszczowy dzień

16. świeży chleb

17. czarne oko

18. woda mineralna

19. czysta ręka

20. jasny pokój

문제 2 다음 남성-남자 명사의 복수 형태를 쓰시오.

1. miły sąsiad

2. wysoki brat

3. ten inżynier

4. przystojny Koreańczyk

5. mój przyjaciel

6. mądry mężczyzna

7. wesoły człowiek

8. smutny warszawianin

9. dobry ksiądz

10. znajomy urzędnik

11. łysy kolega

12. grzeczny uczeń

13. jaki pan

14. bliski kuzyn

15. młody nauczyciel

16. ostatni syn

17. zdrowy żołnierz

18. tęgi Włoch

19. szczupły ojciec

20. znany poeta

12

명사 & 형용사의 복수 소유격
Dopełniacz liczby mnogiej

폴란드어에서는 소유격 활용이 가장 많다는 것은 이미 단수 격 변화에서 배웠다.

특히 복수 소유격 활용은 수. 양 단위와 함께, 그리고 숫자와 함께 많이 쓰인다.

그리고 복수 주격에서 이미 살펴보았듯이, 남성명사 중 남자명사를 제외한 모든 명사의 복수 주격 명사와 복수 목적격이 같았다.

이 강에서 배우는 남자명사의 복수 소유격 형태는 복수 목적격과 같다.

단수에서는 남성명사 중 생물명사가 소유격과 목적격이 같았고, 복수에서는 남자명사만 소유격과 목적격이 같다.

I. 남성명사 중 남자명사 복수 소유격(=목적격)

1. 대표 어미 -ów

항상 그렇듯이 복수 소유격 어미도 단수 소유격 어간에 덧붙인다.

단수 주격	단수 소유격	복수 주격	복수 소유격(=목적격)
ojciec	ojc-a	ojc-owie	ojc-ów
mąż	męż-a	męż-owie	męż-ów
sąsiad	sąsiad-a	sąsiedzi	sąsiad-ów
student	student-a	studenci	student-ów
aktor	aktor-a	aktorzy	aktor-ów
Polak	Polak-a	Polacy	Polak-ów
Rosjanin	Rosjanin-a	Rosjanie	Rosjan-ów
kolega	koleg-i	koledzy	koleg-ów

2. 어간이 기능적 연음으로 끝난 경우 -y / -i

단수 주격	단수 소유격	복수 주격	복수 소유격(=목적격)
lekarz gospodarz nauczyciel	lekarz-a gospodarz-a nauczyciel-a	lekarz-e gospodarz-e nauczyciel-e	lekarz-y gospodarz-y nauczyciel-i

대표어미가 -ów 이다 보니, 이렇게 연음, 또는 기능적 연음으로 끝난 경우에 어미 -y가 아닌 -ów 가 함께 쓰이기도 한다.

pisarz : pisarzy / pisarzów
żołnierz : żołnierzy / żołnierzów
leń : leni / leniów

불규칙 단어들.

człowiek - ludzi,
brat - braci,
przyjaciel - przyjaciół,
mężczyzna - mężczyzn.

복수 소유격 어미형의 기본은 탈락이다.
특히 남자를 나타내는 복수 주격 어미형 -owie의 탈락형 -ów인 것이다!
그런데 불규칙 복수 주격 형태의 단어들에서도 이렇게 어미의 탈락을 볼 수 있다; człowiek의 복수 ludzie, brat의 복수 bracia에서 마지막 어미 -e, -a 가 생략된 형태가 바로 ludzi, braci로 복수 소유격 형태가 되는 것이다.

또 하나 주의해야 할 단어는 바로 przyjaciel이다.
이 단어는 nauczyciel 과 같이 변화되는데, 복수 소유격에서 불규칙 형태인 przyjciół 이다.
przyjacieli 가 아니라는 것! 그래서 복수 여격, 기구격, 장소격이 바로 이 복수

소유격 어간에 복수 어미형들이 붙게 되는 것이다:
przyjaciołom, przyjaciółmi, przyjaciołach.

-a로 끝난 남성명사에서도 kolega는 복수에서 규칙형과 동일하게 변화한다. 그러나 mężczyzna는 -ów 어미가 아닌, 탈락형으로, mężczyzn이 된다.

II. 남자 명사를 제외한 모든 남성명사

앞에서 설명한 남자명사와 동일하게 복수 소유격 어미를 덧붙인다.
즉 대표어미 -ów, 기능적 연음으로 끝난 경우 -y, 연음으로 끝난 경우 -i. 그리고 두 가지형 모두 다 쓰이는 경우도 있다.

단수 주격	단수 소유격	복수 주격 (=목적격)	복수 소유격	복수 소유격 어미
kot pies stół bank	kot-a ps-a stoł-u bank-u	kot-y ps-y stoł-y bank-i	kot-ów ps-ów stoł-ów bank-ów	-ów
miesiąc pieniądz	miesiąc-a pieniądz-a	miesiąc-e pieniądz-e	miesięc-y pienięd-zy	-y
koń gołąb	koni-a gołębi-a	koni-e gołębi-e	koni gołębi	-i
wąż pokój	węż-a pokoj-u	węż-e pokoj-e	węż-y / węż-ów poko-i / pokoj-ów	

불규칙 단어들의 복수 소유격 형태를 알아봅시다.

rok - lat
dzień - dni
tydzień - tygodni
wieś - wsi

위 단어들의 복수 소유격 형태들은 모두 탈락형들이다.

rok의 복수 주격 lata. 어미 탈락 lat 가 바로 복수 소유격이다.

dzień, wieś의 복수 주격은 dnie, wsie와 어미 탈락인 dni, wsi 가 복수 주격 명사로 둘 다 가능하다. 원래 어미 탈락의 형태는 복수 소유격이지만, 소유격의 활용도가 훨씬 많기에 주격화 되어버린 것을 알 수 있다.

tydzień은 아직 주격화되지 않았기에, 복수 tygodnie 만 되는 것이고, 이 단어의 탈락형인 tygodni 가 복수 소유격 형태인 것이다.

III. 여성 명사

1. 대표 어미 -ø(탈락형)

2. 어간이 기능적 연음으로 끝난 경우 -y

3. 어간이 연음이나, -arnia, -ernia, -alnia, -elnia, -ownia, -ja, -nia, -ew 로 끝난 경우 -i

단수 주격	단수 소유격	복수 주격 (=목적격)	복수 소유격	복수 소유격 어미
kobieta matka ręka	kobiet-y matk-i ręk-i	kobiet-y matk-i ręce	kobiet matek rąk	-ø
noc rzecz	noc-y rzecz-y	noc-e rzecz-y	noc-y rzecz-y	-y
kawiarnia pralnia pracownia kolacja marchew część	kawiarni pralni pracowni kolacj-i marchwi części	kawiarni-e pralni-e pracowni-e kolacj-e marchwi-e części	kawiarni pralni pracowni kolacj-i marchwi części	-i

-ø(탈락형)으로 어미를 없애다 보면, 단어 형태가 자음 무리를 이룰 때가 있다.

이 때 두 자음 사이에 모음 e가 삽입된다.

그리고 이미 배워 알고 있는 모음교체현상들; e → ø, ó → o, ą → ę이 복수 소유격 형태에서는 이 모음교체현상이 거꾸로, 즉 ø → e, o → ó, ę → ą 으로 변화되는 것을 알 수 있다.

mgła - mgieł (ø → e)
siostra - sióstr (o → ó)
księga - ksiąg (ę → ą)

IV. 중성 명사

중성명사 복수 소유격 어미도 여성명사와 동일하다.
예외인 것은 -um으로 끝난 중성명사는 남성명사처럼 -ów 어미를 덧붙이면 된다.

1. 대표 어미 -ø

2. 어간이 기능적 연음으로 끝난 경우 -y

3. 어간이 연음으로 끝난 경우 -i

4. -um으로 끝나는 중성명사는 -ów

단수 주격	단수 소유격	복수 주격 (=목적격)	복수 소유격	복수 소유격 어미
okno morze mieszkanie imię zwierzę	okn-a morz-a mieszkani-a imieni-a zwierzęci-a	okn-a morz-a mieszkani-a imion-a zwierzęt-a	okien mórz mieszkań imion zwierząt	-ø
półrocze wybrzeże	półrocz-a wybrzeż-a	półrocz-a wybrzeż-a	półrocz-y wybrzeż-y	-y
stulecie podziemie	stuleci-a podziemi-a	stuleci-a podziemi-a	stuleci podziemi	-i
muzeum	muzeum	muze-a	muze-ów	

앞에서 여성명사 복수 소유격을 만들 때 보았듯이, 탈락형으로 만들 경우, 중성명사에서도 모음교체현상들을 찾아 볼 수 있다. (okien, mórz, zwierząt)

V. 형용사 -ych / -ich

형용사 단수 소유격 어미에서 남성 명사의 의미와 상관없이 -ego 이듯이, 복수에서는 모든 성이 다 -ych / -ich로 만든다.

dobr-y : dobr-ych
mił-y : mił-ych
wysok-i : wysok-ich
drog-i : drog-ich

VI. 문장에서 소유격 활용의 기능

문장에서 소유격은 많은 활용들이 있다.
소유, 목적, 부정문, 전치사, 수량, 단위 등 각 예문을 보면서 다시 소유격 문장 활용을 알아보도록 하자.

1. 소유

To jest dom mojego ojca. (이것은 나의 아버지의 집이다.)
To jest samochód moich rodziców. (이것은 나의 부모님의 자동차이다.)

2. 목적어(소유격을 요구하는 동사)

Uczę się języka polskiego. (나는 폴란드어를 공부하고 있다.)
Boję się małych owadów. (나는 작은 곤충들을 무서워한다.)

3. 부정문

Nie czytam tej książki. (나는 이 책을 읽고 있지 않다.)

Nie czytałem tych książek. (나는 이 책들을 읽지 않았다.)

4. 소유격을 취하는 전치사

Kupuję piękne kwiaty dla pięknej dziewczynki.

(나는 아름다운 여자친구를 위해 아름다운 꽃들을 사고 있다.)

Kupuję piękne kwiaty dla pięknych dziewczyn.

(나는 아름다운 소녀들을 위해 아름다운 꽃들을 사고 있다.)

5. 수량, 단위

W tej szkole jest kilku dobrych nauczycieli.

(이 학교에 여러 명의 좋은 선생님들이 있다.)

W tej szkole jest kilka dobrych nauczycielek.

(이 학교에 여러 명의 좋은 여선생님들이 있다.)

Jest dużo tanich ubrań. (값 싼 옷들이 많다.)

Jest mało drogich butów. (비싼 구두들이 적다.)

W moim domu jest pięć pokoi / pokojów.

(나의 집에는 다섯 개의 방이 있다.)

Dwóch braci chodzi do szkoły. (두 명의 남자형제들이 학교에 다닌다.)

〈수와 관련된 부분은 다음 강에서 자세히 다룰 것이다.〉

함께 풀어봅시다.

문제 1 다음 문장을 부정문으로 만드시오.

1. Kupuję ciekawe książki. →

2. Oglądam nudne filmy. →

3. Mam dwa małe psy. →

4. Znam polskie piosenki. →

5. Jem świeże jabłka. →

6. Widzę twoje dzieci. →

7. Spotykam miłych studentów. →

8. Zwiedzam stare muzea. →

9. Piszę długie zdania. →

10. Daję koleżance nowe torby. →

문제 2 다음 문장을 완성하시오.

1. Czy znasz .... (starsi bracia)?

2. Ilu .... (dobrzy nauczyciele) pracuje tutaj?

3. Na ulicy nie spotkałem .... (moi sąsiedzi).

4. Znamy wielu .... (mili koledzy).

5. Piszę list do .... (jej rodzice).

6. To jest książka dla .... (ci ludzie).

7. To są piłki .... (mali chłopcy).

8. Dostałem listy od .... (nasi znajomi).

9. Szukam .... (weseli synowie).

10. Tutaj jest mało .... (wysocy przyjaciele).

13 수사
Liczebniki

폴란드어 수사는 기본적으로 기수, 서수, 양수, 분수, 부정수가 있다.

I. 기수 (Liczebniki główne)

기수는 수를 셀 때와 개수를 표현할 때 쓰인다.
주의할 것은 영어와 달리, 날짜와 시간 표현을 기수로 하지 않는다는 것!
그러나 시각에서 분은 기수로 표현한다.

1	jeden	40	czterdzieści
2	dwa	50	pięćdziesiąt
3	trzy	60	sześćdziesiąt
4	cztery	70	siedemdziesiąt
5	pięć	80	osiemdziesiąt
6	sześć	90	dziewięćdziesiąt
7	siedem	100	sto
8	osiem	101	sto jeden ...
9	dziewięć	189	sto osiemdziesiąt dziewięć
10	dziesięć	200	dwieście
11	jedenaście	300	trzysta
12	dwanaście	400	czterysta
13	trzynaście	500	pięćset

14	czternaście	600	sześćset
15	piętnaście	700	siedemset
16	szesnaście	800	osiemset
17	siedemnaście	900	dziewięćset
18	osiemnaście	1000	tysiąc
19	dziewiętnaście	1968	tysiąc dziewięćset sześćdziesiąt osiem
20	dwadzieścia	1975	tysiąc dziewięćset siedemdziesiąt pięć
21	dwadzieścia jeden	3000	trzy tysiące
22	dwadzieścia dwa	10000	dziesięć tysięcy
23	dwadzieścia trzy ...	100000	sto tysięcy
30	trzydzieści	1000000	milion

1. 격변화

기수는 수 개개별의 격변화가 존재한다.
외울 때 1 / 2, 3,4 / 5 이상! 으로 나누어서 좀 더 세심하게 암기하도록 한다.

1) **jeden(하나. 1)은 형용사처럼 변화한다:**

	단 수			복 수	
	남 성	중 성	여 성	남성사람	그 외의 성
M	jeden	jedno	jedna	jedni	jedne
D	jednego		jednej	jednych	
C	jednemu		= D	jednym	
B	= D (생물) / = M (무생물)	= M	jedną	= D	= M
N	jednym		= B	jednymi	
Mjsc	= N		= D	= D	

2) **2, 3, 4의 격변화:**

	남성 사람				그 외의 남성명사 & 중성명사		여성 명사	
M	dwaj trzej czterej	synowie lekarze	dwóch trzech czterech	synów lekarzy	dwa trzy cztery	koty stoły okna	dwie trzy cztery	kobiety kawiarnie

	남성 사람		그 외의 남성명사 & 중성명사	여성 명사	
D	dwóch / dwu trzech czterech	synów/lekarzy/kotów/stołów/okien/kobiet/kawiarni			
C	dwom / dwu trzem czterem	synom/lekarzom/kotom/stołom/oknom/kobietom/kawiarniom			
B	= D		= M		
N	dwoma trzema czterema	synami/lekarzami/stołami/oknami		dwoma / dwiema trzema czterema	kobietami kawiarniami
Mjsc	dwóch / dwu trzech czterech	synach/lekarzach/kotach/stołach/oknach/kobietach/kawiarniach			

3) **5의 격변화:**

	남성 사람	그 외의 성
M	pięciu	pięć
D	pięciu	
C	pięciu	
B	= D	= M
N	pięciu / pięcioma	
Mjsc	pięciu	

(6, 7, 8, 9, 10 그리고 kilka, ile, tyle, wiele 격변화가 같다.)

4) **15의 격변화:**

	남성 사람	그 외의 성
M	piętnastu	piętnaście
D	piętnastu	
C	piętnastu	
B	= D	= M
N	piętnastu / piętnastoma	
Mjsc	piętnastu	

(11, 13, 14, 16, 17, 18, 19, 30, 40 격변화도 같다.)

5) **50 : (60, 70, 80, 90)**

	남성 사람	그 외의 성
M	pięćdziesięciu	pięćdziesiąt
D	pięćdziesięciu	
C	pięćdziesięciu	
B	= D	= M
N	pięćdziesięciu / pięćdziesięcioma	
Mjsc	pięćdziesięciu	

6) **100 : (300, 400)**

	남성 사람	그 외의 성
M	stu	sto
D	stu	
C	stu	
B	= D	= M
N	stu / stoma	
Mjsc	stu	

7) **500 : (600, 700, 800, 900 그리고 kilkaset, paręset)**

	남성 사람	그 외의 성
M	pięciuset	pięćset
D	pięciuset	
C	pięciuset	
B	= D	= M
N	pięciuset	
Mjsc	pięciuset	

8) **dw-, kilk- 그리고 par-의 어간 형태의 기수 격변화:**

	남성 사람	그 외의 성
M	dwunastu dwudziestu dwustu kilkunastu paru	dwanaście dwadzieścia dwieście kilkanaście parę
D	dwunastu dwudziestu dwustu kilkunastu paru	
C	= D	
B	= D	= M
N	dwunastu / dwustoma dwudziestu / dwudziestoma dwustu / dwustoma kilkunastu / kilkunastoma paru / paroma	
Mjsc	= D	

9) 1000: **명사처럼 격변화한다.** **(milion, miliard, bilion)**

	단 수	복 수
M	tysiąc	tysiące
D	tysiąca	tysięcy
C	tysiącowi	tysiącom
B	tysiąc (=M)	tysiące (=M)
N	tysięcem	tysiącami
Mjsc	tysiącu	tysiącach

2. 활용

1) 수사와 명사:

① jeden: 1이라는 숫자는 형용사 개념으로 '하나의'라는 뜻이다.
남성(jeden), 여성(jedna), 중성(jedno)이 있으며, 꾸밈을 받는 명사는 단수주격을 쓰면 되고, 형용사처럼 격변화 한다.

예문) jeden student / jedna kobieta / jedno słowo.
Mam jednego brata i jedną siostrę.

또한 '다만 혼자서, 홀로'의 뜻도 가지고 있다.

예문) Ona jedna pracuje. (그녀만 홀로 일을 하고 있다.)
Ja jeden pamiętam. (나 혼자만 기억하고 있다.)

그리고 복수로 jedni, jedne는 '누군가가, 어떤 이들은'이라는 뜻으로 쓰인다.

예문) Jedni mówią, że ... (누군가가 말하기를 ...)
Jedne czekają, jedne idą do domu.
(누군가는(여성들) 기다리고, 누군가는 집에 갔다.)

② dwa, dwie: 남성과 중성명사를 꾸밀 때는 dwa,
여성명사를 꾸밀 때는 dwie,
trzy, cztery: 성(性)과 관계없이 쓰인다.

2, 3, 4 + 주격 복수 명사

예문) dwa/trzy/cztery bilety, słowa (둘, 셋, 네 개의 표들, 단어들)
dwie panie, lekcje (두명의 여성들, 과들)

③ 남성 사람명사를 꾸밀 때: dwaj, trzej, czterej + 복수 주격,
또는 dwóch / trzech / czterech + 복수 소유격;

예문) dwaj/ trzej/ czterej panowie, studenci (둘, 셋, 네명의 남성들, 학생들)
(의미는 같은데 다른 표현: dwóch/ trzech/ czterch panów, studentów)

5 이상 + 복수 소유격

④ 5 이상 + 복수 소유격,
단, 명사가 남성 사람일 때는 숫자도 소유격 형태를 써야만 한다.

예문) pięć/ sześć biletów, słów (다섯, 여섯 개의 표, 단어들)
pięć/ sześć pań, lekcji (다섯, 여섯의 여성들, 과들)
pięciu/ sześciu panów, studentów (다섯, 여섯명의 남성들, 학생들)

⑤ 끝자리의 수가 2, 3, 4 (dwa, trzy, cztery)인 경우,
즉 22, 23, 24, 32, 33, 34 ... 등
이 때 뒤의 명사는 항상 주격 복수형으로 표현해야만 한다.
(그러나 12, 13, 14는 아님!)

예문) dwadzieścia dwie, trzy, cztery kobiety (22, 23, 24명의 여자들)
dwanaście/ trzynaście/ czternaście lat (12, 13, 14세)

⑥ 끝자리수가 1인 경우에는 항상 jeden으로 표현해야만 한다.

예문) dwudziestu jeden studentów (21명의 학생들)
trydzieści jeden dni (31일)
tysiąc jeden nocy (1001 밤)

⑦ 수사의 격변화는 통상 10자리 수와 1자리 수만 변화시키면 된다.

예문) z tysiąc pięćset dwudziestu pięciu osobami (1525명과 함께)

2) **수사와 동사:**

① 1 다음에는 당연히! 동사 단수형으로 표현.

예문) jeden bilet kosztuje/ (będzie) kosztował dużo.

② 2, 3, 4 다음에는 무조건! 복수형의 동사로 표현.

예문) dwa, trzy, cztery bilety kosztują/ (będą) kosztowały dużo.

③ 단, 남자 명사를 꾸며주는 dwóch, trzech, czterch는 동사 단수형으로!, 과거와 미래 시제에서는 단수 중성형으로 만든다.

예문) dwóch, trzech, czterech studentów czeka/ (będzie) czekało.

④ 5이상 일 때도 그 다음 명사가 복수 소유격이 오기 때문에 동사 단수형으로!

예문) pięć kobiet, pięciu mężczyzn czeka/ (będzie) czekało.

동사가 단수로 쓰인 경우 과거와 미래시제에서 3인칭 단수 중성으로 표현! 그러나 주어가 여성인 경우에는 과거와 미래시제일 때 동사가 3인칭 복수로도 표현된다:

예문) Dziesięć kobiet czekało/ będzie czekało.
또는 Dziesięć kobiet czekały/ będą czekały.

II. 서 수 (Liczebniki porządkowe)

격변화는 형용사처럼 격변화 한다.

1	pierwszy (-a, -e)	40	czterdziesty
2	drugi	50	pięćdziesiąty
3	trzeci	60	sześćdziesiąty
4	czwarty	70	siedemdziesiąty
5	piąty	80	osiemdziesiąty
6	szósty	90	dziewięćdziesiąty
7	siódmy	100	setny
8	ósmy	101	sto pierwszy ...
9	dziewiąty	189	sto osiemdziesiąty dziewiąty
10	dziesiąty	200	dwusetny
11	jedenasty	300	trzechsetny
12	dwunasty	400	czterechsetny
13	trzynasty	500	pięćsetny
14	czternasty	600	sześćsetny
15	piętnasty	700	siedemsetny
16	szesnasty	800	osiemsetny
17	siedemnasty	900	dziewięćsetny
18	osiemnasty	1000	tysięczny
19	dziwiętnasty	1968	tysiąc dziewięćset sześćdziesiąty ósmy
20	dwudziesty	1975	tysiąc dziewięćset siedemdziesiąty piąty
21	dwudziesty pierwszy	3000	trzytysięczny
22	dwudziesty drugi	10000	dziesięciotysięczny
23	dwudziesty trzeci ...	100000	stutysięczny
30	trzydziesty	1000000	milionowy

1. 활 용:

1) 1000이상의 서수:

100이상의 수에서는 10자리 수와 1자리 수만 서수로 쓰고, 서수 부분만 격변화 한다.

예문) tysiąc dziewięćset siedemdziesiąty dziewiąty (1979번째)
sto dwudziesty piąty (125번째)
dwieście czternasty (214번째)

2) 연도:

앞의 두 자리는 기수, 뒤의 두 자리는 서수로 표현하며, 뒤의 두 자리만 격변화 한다.

예문) 1987년도에 - tysiąc dziewięćset osiemdziesiątego siódmego roku.
또는 w tysiąc dziewięćset osiemdziesiątym siódmym roku.
Urodziłem się szesnatego kwietnia tysiąc dziewięćset dziewięćdziesiątego drugiego roku. (나는 1992년 4월 16일생이다.)
(= Urodziłem się szesnatego kwietnia w tysiąc dziewięćset dziewięćdziesiątym drugim roku.)

3) 시각:

6시	szósta	
6시 5분	pięć po szóstej	
6시 15분	piętnaście po szóstej (= kwadrans po szóstej)	
6시 25분	dwadzieścia pięć po szóstej	6시에 - o szóstej
6시 30분	wpół do siódmej	
6시 35분 (7시 25분 전)	za dwadzieścia pięć siódma	
6시 45분 (7기 15분 전)	za kwadrans siódma	
7시	siódma	

시간(godzina)은 서수, 분(minuta)은 기수로 표현한다.
30분까지는 - '분 + po + 장소격(6격)의 시간'
30분 이후로는 - 'za + 목적격(4격)의 분, 주격(1격)의 다음 시간'

예문) O której godzinie jest pociąg? (몇시에 기차가 있습니까?)
- O (godzinie) piątej. / O wpół do dziewiątej. (5시에 / 8시 30분에 있습니다)
Na którą (godzinę) masz tam być? (너는 몇시에 그곳에 있을거니?)
- Na jedenastą. / drugą. (11시에/ 2시에.)
Jak często kursują autobusy? (얼마나 자주 버스가 다닙니까?)
- Co godzinę. / Co pół godziny. / Co dziesięć minut.
(한시간마다 / 30분마다 / 10분마다)
Kiedy pan będzie w domu? (당신은 언제 집이 계십니까?)
- Od pierwszej do trzeciej. / Między czwartą a piątą. / Przed siódmą. / Po dziesiątej. / Około dwunastej.
(1시부터 3시까지 / 4시에서 5시 사이에/ 7시 전에/ 10시 후에/ 12시 경에)

III. 양수 (Liczebniki zbiorowe)

M	dwoje	troje	czworo
D	dwojga	trojga	czworga
C	dwojgu	trojgu	czworgu
B	dwoje	troje	czworo
N	dwojgiem	trojgiem	czworgiem
Mjsc	dwojgu	trojgu	czworgu

(→ pięcioro, sześcioro, siedmioro, ośmioro, dziewięcioro, dziesięcioro, jedenaścioro, dwanaścioro 등등.)

양수는 묶음수, 집합수이다.

우리말에도 연필 한 다스(12개), 마늘 한 접 등의 표현이 있듯이, 이와 같은 맥락으로 이해하면 된다. 특히 이 양수는 dzieci, ludzie 명사와 함께 쓰이고, drzwi, spodnie, okulary 등등 복수로 취급되는 명사와 함께 쓰인다.

예문) Mamy sześcioro dzieci. (나는 여섯명의 아이들이 있다.)

Spotkałem pięcioro ludzi na ulicy. (나는 길에서 다섯명의 사람을 만났다.)

IV. 분수 (Liczebniki ułamkowe)

분자는 기수, 분모는 서수로 표현한다.
분자는 여성명사 część(부분)가 생략된 상태이므로 여성형으로 표현해야만 한다.

예문) 1/2 - jedna druga
1/3 - jedna trzecia
2/3 - dwie trzecie
3/4 - trzy czwarte

그러나 분자가 5이상일 때 분모는 복수 소유격형을 취한다.

예문) 5/6 - pięć szóstych
9/10 - dziewięć dziesiątych
100/1000 - sto tysięcznych

12/10 - jeden i dwie dziesiąte
52/5 - pięć i dwie piąte

격변화 - M pięć setnych
D pięciu setnych
C pięciu setnym
B pięć setnych
N pięciu / pięcioma setnymi
Mjsc o pięciu setnych

격변화하지 않는 분수도 있다:
½ - pół, 1½ - półtora(m, n), półtorej(ż)
뒤의 명사는 단수 소유격(2격) 형태이다.

예문) pół metra (50 센티미터),
półtora roku (1년 6개월),
półtorej godziny (1시간 30분)

소수(Ułamek dziesiętny)는 다음과 같이 읽습니다.

0,5 (0.5)	: zero przecinek pięć
100,7 (100.7)	: sto przecinek siedem(dziesiątych)
100,07 (100.07)	: sto przecinek zero siedem (setnych)
93,5 (93.5)	: dziewięćdzisiąt trzy pięćdziesiątych

V. 부정수 (不定數, Liczebniki nieokreślone)

kilka, wiele, niewiele, ile, tyle, parę, trochę, mało, dużo, moc, mnóstwo.

남성 사람 복수일 때: kilku, wielu, niewielu, ilu, tylu, paru mężczyzn.
그 외엔: kilka, wiele, niewiele, ile, tyle, parę dziewczyn, liceów.

부정수가 포함된 수사구가 문장의 주어 자리에 올 때에 술어의 동사는 단수로 일치 시킨다.

dużo, mało, trochę, moc는 1격(주격), 4격(목적격) 형태로만 쓰입니다.

예문) Dużo ludzi wybiera się nad morze. (많은 사람들은 바다를 선택했다.)
Ma trochę pieniędzy. (그는 돈이 조금 있다.)

함께 풀어봅시다.

문제 1 다음 명사구를 폴란드어로 쓰시오.

1. 두 분의 어머니

2. 두 분의 아버지

3. 세 명의 아이들

4. 세 마리의 고양이들

5. 네 명의 남자형제들

6. 네 개의 문장들

7. 다섯 개의 볼펜들

8. 다섯 명의 (남)고등학생들

9. 다섯 명의 여고생들

10. 일곱 개의 호수들

문제 2 다음 문장을 폴란드어로 작문하시오.

1. 나의 집에 세 마리의 새들이 있다.

2. 카페에 오직 한 명의 여자만 앉아있다.

3. 나는 두 시간이 있다.

4. 두 분의 남성분이 택시를 기다리고 있다.

5. 내 나이는 20살이다.

문제 3 다음 년도를 폴란드어로 쓰시오.

1. 2013년도 / 2013년도에

2. 2002년도 / 2002년도에

3. 1987년도 / 1987년도에

4. 1711년도 / 1711년도에

5. 996년도 / 966년도에

문제 4 다음 시각을 폴란드어로 쓰시오.

1. 6시

2. 11시 30분

3. 3시 10분 전

4. 8시 15분

5. 2시에

14 비교급과 최상급
Stopień wyższy & najwyższy

앞에서 배운 형용사는 원급이다.

급에는 원급, 비교급, 최상급. 이렇게 세 개의 급이 있다.

비교급이란 비교할 때 사용되는 형용사로, 최상급은 당연히 가장 최고의 위치에 있는 것을 말한다.

폴란드어는 형용사와 부사에 비교급과 최상급이 있으며, 최상급은 비교급 형태 앞에 naj-를 붙이면 된다.

I. 형용사의 비교급과 최상급

1. 형용사의 비교급

1) **비교급의** 대표 어미 -szy (-sza, -sze, -si, -sze)

형용사의 어간이 단자음으로 끝난 경우에 비교급 어미 -szy를 붙인다;

원급	비교급	원급	비교급
młody	młod-szy	miły	mil-szy (*ł:l*)
stary	star-szy	długi	dłuż-szy (*g:ż*)
zdrowy	zdrow-szy	biały	biel-szy (*ał:el*)
tani	tań-szy (*n:ń*)	czerwony	czerwień-szy (*on:'eń*)
		gorący	goręt-szy (*ąc:ęt*)

'젊은'의 뜻인 단어 'młody'를 살펴보면, 어간 młod- + 형용사의 남성 단수 주격어미

-y로 이루어져 있다. 이 문법적 어미는 문장에서 성, 수, 격에 따라 변화된다. 비교급을 만들 때에는 형용사 어간이 이렇게 (단)자음으로 끝난 경우, 비교급을 의미하는 -sz- 에 형용사 격어미를 -y 붙여서, -szy가 비교급을 나타내는 형용사가 되는 것이다.

([어간]młod- + [비교] -sz- + [격어미] -y)

예문) młodszy brat (남동생)

starsza siostra (누나, 언니)

Mam starszą siostrę i młodszego brata. (나는 언니와 남동생이 있다.)

비교급 어미 -szy를 붙이면서, 형용사 어간의 자음, 또는 모음까지도 변화되는 것을 볼 수 있다: mił- + -szy → milszy 로, 자음 ł가 l로(ł : l) 변화되었다.

biał- + -szy → bielszy 로, 자음 ł뿐만 아니라, 모음 a가 e로도 변화되었다.

2) -k-, -ek-, -ok-로 끝날 때는 이 어간을 생략하고 -szy를 붙인다;

원급	비교급	원급	비교급
krót-ki	krót-szy	dal-eki	dal-szy
szer-oki	szer-szy	blis-ki	bliż-szy

lekki - lżejszy

(lekk-i 단어는 -ek- 생략하고 뒤의 -k-가 ż로 변화하고 다음에 설명할 어미인, 자음군일 때 붙이는 어미 -ejszy를 붙여 lżejszy가 된다.)

3) 형용사 어간이 자음군으로 끝난 경우에는 비교급 어미 -'ejszy를 붙인다;

원급	비교급	원급	비교급
zimny	zimni-ejszy	ciepły	ciepl-ejszy
mądry	mądrz-ejszy	dorosły	dorośl-ejszy
mocny	mocni-ejszy	ciasny	ciaśni-ejszy
gęsty	gęści-ejszy	bystry	bystrz-ejszy

자음군으로 끝난 경우 비교급 어미 -ejszy를 붙일 때, 앞의 자음이 연음화되는 현상을 찾아 볼 수 있다. 이것은 이미 앞에서 배웠던, 장소격 어미를 붙이면서도 일어났던 자음

변화와 동일한 것으로 이해하면 된다:

n - ni, sn - śn, ł - l, sł - śl, r - rz, st - ści 등등.

그런데 다음 단어는 조금 다름에 주목하라!

twardy - twardszy/ prosty - prostszy

(이 두 단어는 어간이 자음 무리로(-rd-, -st-), 비교급 어미 -ejszy가 아닌 -szy를 붙여 비교급을 만든다!)

4) 다음의 형용사는 항상 bardziej(더) / mniej(덜) + 형용사 원급을 사용해 비교급과 최상급을 만든다.

'bardziej'는 부사 'bardzo'의 비교급, 'mniej'는 부사 'mało'의 비교급이다.

원급	비교급	원급	비교급
łysy	bardziej/mniej łysy	zadowolony	bardziej/mniej zadowolony
płaski	bardziej/mniej płaski	pożądany	bardziej/mniej pożądany
mokry	bardziej/mniej mokry	wypoczęty	bardziej/mniej wypoczęty
chory	bardziej/mniej chory	leniwy	bardziej/mniej leniwy
śliski	bardziej/mniej śliski	zmęczony	bardziej/mniej zmęczony
gorzki	bardziej/mniej gorzki	nieszczęśliwy	bardziej/mniej nieszczęśliwy
interesujący	bardziej/mniej interesujący	niebezpieczny	bardziej/mniej niebezpieczny

5) 비교급의 형태 또는 bardziej + 원급 형태로, 둘 다 쓰이는 형용사도 있다;

원급	비교급	
zdrowy	zdrow-szy	bardziej/mniej zdrowy
dorosły	dorośl-ejszy	bardziej/mniej dorosły
wygodny	wygodni-ejszy	bardziej/mniej wygodny

자음 또는 모음의 변화;

r : rz mądry - mądrzejszy
k : ż lekki - lżejszy
c : t gorący - gorętszy
ł : l biały - bielszy
s : ż bliski - bliższy
g : ż długi - dłuższy

o : e wesoły - weselszy
a : e biały - bielszy
ą : ę gorący - gorętszy
e : ø lekki - lżejszy

2. 형용사의 최상급

최상급은 바로 비교급 형태에 naj-를 붙이면 됩니다;

원급	비교급	최상급
stary	starszy	najstarszy
smutny	smutniejszy	najsmutniejszy
słowny	bardziej/mniej słowny	najbardziej/najmniej słowny

3. 불규칙 변화

원급	비교급	최상급	원급	비교급	최상급
dobry	lepszy	najlepszy	duży	większy	największy
zły	gorszy	najgorszy	wielki	- 〃-	- 〃-
mały	mniejszy	najmniejszy			

4. 비교급은 없고 최상급의 형태만;

원급	비교급	최상급
ukochany	—	najukochańszy
rozmaity	—	najrozmaitszy
przeróżny	—	najprzeróżniejszy

참고: 형용사의 격변화표

<table>
<tr><th rowspan="2"></th><th colspan="3">단 수</th><th colspan="2">복 수</th></tr>
<tr><th>남성</th><th>중성</th><th>여성</th><th>남성 사람</th><th>그 외의 성(性)</th></tr>
<tr><td>주격</td><td>-y, -i
dobry, drugi</td><td>-e
dobre, drugie</td><td>-a
dobra, druga</td><td>-y, -i
dobrzy, moi</td><td>-e
dobre, drugie</td></tr>
<tr><td>소유격</td><td colspan="2">-ego
dobrego, drugiego</td><td rowspan="2">-ej
dobrej, drugiej</td><td colspan="2">-ych / -ich
dobrych, moich, drugich</td></tr>
<tr><td>여격</td><td colspan="2">-emu
dobremu, drugiemu</td><td colspan="2">-ym / -im
dobrym, moim, drugim</td></tr>
<tr><td>목적격</td><td>남성 생물
(=소유격)</td><td>= 주격</td><td rowspan="2">-ą
dobrą, drugą</td><td>= 소유격</td><td>= 주격</td></tr>
<tr><td>기구격</td><td colspan="2" rowspan="2">-ym / -im
dobrym, drugim</td><td colspan="2">-ymi / -imi
dobrymi, moimi, drugimi</td></tr>
<tr><td>장소격</td><td>-ej
dobrej, drugiej</td><td colspan="2">-ych / -ich
dobrych, moich, drugich</td></tr>
</table>

II. 부사의 비교급과 최상급

1. 부사의 비교급

1) 비교급의 대표 어미 -'ej

주의해야할 사항은 이 때 자음의 연음화 현상이 일어난다는 것!

(형) młody - młodszy
(부) młodo - młodziej [d - dzi]
(형) mocny - mocniejszy
(부) mocno - mocniej

부사의 비교급 대표 어미는 -'ej이므로 모두 연음화 현상이 일어난다.

그래서 혼동하기 쉬운 것은 이 부사의 대표 비교급 어미로 인해, 앞에서 배웠던 형용사의 대표 비교급 어미를 -szy가 아닌 -'ejszy로 착각하게 되니, 주의해야 한다.

다시 한번 더!!!

형용사의 대표적 비교급 어미는 -szy.

부사의 비교급 어미는 -'ej

2) -k-, -ok-, -ek-로 끝나는 부사는, 이 어간을 생략하고 -ej를 붙인다.

다음은 부사의 비교급 예시입니다;

원급	비교급	원급	비교급
łatwo	łatwi-ej	krótko	króc-ej
surowo	surowi-ej	blisko	bliż-ej
miło	mil-ej	prędko	prędz-ej
cicho	cisz-ej	wysoko	wyż-ej
biało	biel-ej	daleko	dal-ej
wesoło	wesel-ej	* szybko	szybciej
staro	starz-ej		
prosto	prości-ej		
drogo	droż-ej		
gorąco	goręc-ej		
tanio	tani-ej		
głupio	głupi-ej		

다음은 부사의 비교급을 만들 때 나타나는 자음, 모음 변화 예시입니다;

d : dź twardo - twardziej
g : ż drogo - drożej
t : c krótko - krócej
ch: sz cicho - ciszej
ł : l ciepło - cieplej
n : ń mocno - mocniej
w : w' zdrowo - zdrowiej
st: ść prosto - prościej
r : rz szeroko - szerzej

ą : ę gorąco - goręcej
a : e biało - bielej
o : e wesoło - weselej

2. 부사의 최상급

형용사와 마찬가지로 부사도 최상급은 비교급 앞에 naj-를 붙이면 된다.

3. 불규칙 변화

원급	비교급	최상급
dobrze	lepiej	najlepiej
źle	gorzej	najgorzej
mało	mniej	najmniej
dużo	więcej	najwięcej
wielko	- 〃-	- 〃-
lekko	lżej	najlżej

4. bardziej, najbardziej/ mniej, najmniej + 부사 원급

일반적으로 단어가 긴 형태에 주로 이런 방법으로 비교급, 최상급을 만들지만, 비교급 형태가 있어도 이런 방법의 다른 비교급으로도 표현하기도 한다.

원급	비교급	최상급
elegancko	bardziej/mniej elegancko	najbardziej/najmniej elegancko
interesująco	bardziej/mniej interesująco	najbardziej/najmniej interesująco
wesoło	bardziej/mniej wesoło	najbardziej/najmniej wesoło
gorąco	bardziej/mniej gorąco	najbardziej/najmniej gorąco

III. 비교급과 최상급의 활용 구문

1. 비교급 + niż + Mian. (주격) : ~보다 더 ~하다.

Marek jest wyższy niż Piotr. (마렉은 피오트르보다 더 크다.)

Janek był weselszy niż wczoraj. (야넥은 어제보다 더 기분이 좋다.)

On to robi lepiej niż ona. (그는 그녀보다 더 그것을 잘 한다.)
Mąż zarabia więcej niż żona. (남편은 아내보다 돈을 더 번다.)

2. 비교급 + od + Dop. (소유격) : ~보다 더 ~하다.

Marek jest niższy od Piotra. (마렉은 피오트르보다 더 작다.)
Ja jestem pilniejsza od niego. (나는 그보다 더 부지런하다.)
Mój samochód jedzie szybciej od twojego. (내 차는 너의 것 보다 더 빠르다.)
Mąż zarabia mniej od żony (남편은 아내보다 돈을 더 적게 번다.)

3. coraz + 비교급 : 점점 더 ~하다.

Dziecko jest coraz zdrowsze. (어린아이는 점점 더 건강해진다.)
Jestem coraz grubszy. (나는 점점 더 뚱뚱해진다.)
Ta dziewczyna pracuje coraz lepiej. (이 소녀는 점점 더 일을 잘 한다.)

4. 최상급 + z(e) + D. l. mn. (복수 소유격) : ~들 중에서 가장 ~하다.

Marek jest najwyższy z nas. (마렉은 우리들 중에서 가장 키가 크다.)
Jan jest najstarszy z braci. (얀은 형제들 중 가장 늙었다.<큰 형이다>)
Ten student robi najlepiej ze wszystkich studentów.
(이 학생은 모든 학생들 중에서 가장 잘 한다.)

5. 최상급 + w + Mjsc. (장소격) : ~에서 가장 ~하다.

Anna jest najpilniejszą studentką w grupie.
(안나는 그룹에서 가장 부지런한 학생이다.)
To miasto jest najładniejsze w całym kraju . (이 도시가 국내에서 가장 아름답다.)
Matka śpiewa najlepiej w rodzinie. (엄마는 가족들 중 가장 노래를 잘 한다.)

6. 최상급 + pośród/wśród + D. (소유격) : ~들 중에서 가장 ~하다.

On jest najzdolniejszym studentem wśród nas.
(그는 우리들 중 가장 영리한 학생이다.)

7. 최상급 + między + Narz. (기구격) : ~들 가운데 가장 ~하다.

On jest najwyższy między studentami. (그는 학생들 가운데 가장 키가 크다.)
Czuję się najlepiej między kolegami. (나는 친구들 가운데 가장 기분이 좋다.)

함께 풀어봅시다.

문제 1 다음 단어의 뜻을 쓰고 비교급, 최상급을 쓰시오.

1. zły

2. prosty

3. młody

4. lekki

5. ciężki

6. wysoki

7. ciekawy

8. cichy

9. chory

10. duży

11. wolno

12. twardo

13. głęboko

14. drogo

15. ciężko

16. łatwo

17. krótko

18. źle

19. blisko

20. wesoło

문제 2 다음 문장을 폴란드어로 작문하시오.

1. 나는 폴란드어가 세상에서 가장 어렵다고 생각한다.
→

2. 한국은 가장 아름다운 나라들 중의 하나이다.
→

3. 내가 우리 반에서 제일 빨리 달린다.
→

4. 최근에 내가 했던 여행 중에서 이번 여행이 가장 피곤했다.
→

5. 네가 모든 학생들 중에서 폴란드어를 가장 잘 말한다.
→

6. 나는 남동생보다 더 똑똑하다.
→

7. 나의 언니가 나보다 더 예쁘다.

→

8. 오늘이 어제보다 더 춥다.

→

9. 나는 점점 더 시간이 낳지 않나.

→

10. 오늘 강의가 평소보다 더 길다.

→

15 동사의 과거시제
Czas przeszły czasowników

폴란드어 동사의 가장 기본 형태는 현재 시제 어간과 과거 시제 어간이다.

동사 원형과 현재 시제는 정말 탄탄하게 기초 토대를 마련하듯 잘 외워두어야만 한다. 반면에 과거 시제 어간은 대체적으로 동사 원형 어간과 일치하는 경우가 많다. 그러므로 과서 시제 어미형만 잘 알아두면 현재 시제 만드는 것 보다 훨씬 쉽게 과거 시제를 만들 수 있다.

I. 과거 시제 어미 형태

과거 시제 어미 형태에서도 현재 시제와 마찬가지로 인칭과 수로, 즉 단수 1인칭, 2인칭, 3인칭, 복수 1인칭, 2인칭, 3인칭으로 활용된다. 게다가 현재 시제에서는 나타나지 않았던 성이 과거 시제에는 표현된다. 즉 단수 1인칭 남성과 여성의 어미 형태가 다르다는 것이다.

다음은 기본 동사 'być' 동사 과거시제이다.

현재 시제는 원형 동사와는 전혀 다른 모습의 어간이 'jest-'에 인칭 어미 -em, -eś, -ø(제로), -eśmy, -eście. 그리고 복수 3인칭은 또 완전히 다른 형태 'są'으로 대표적인 불규칙 동사이다.

그러나 과거 시제는 전형적인 기본형이다.

동사 원형과 과거 시제의 어간이 'by-'로 같다. 이 어간에 과거를 나타내는 접사 '-ł-'를, 그리고 인칭 어미 '-m, -ś, ø, -śmy, -ście, -ø'. 이 둘 사이에 '성'을 나타내는 모음을 넣어서 만든다! 남성은 단수 1, 2인칭에서 모음 e, 여성은 단수 1, 2, 3인칭에서 모두 모음 a, 중성은 단수 3인칭에서만 모음 o로! 복수는 인칭에 관계없이 oni, one 개념으로 이해해야 한다. 즉 '우리'가 남자들, 또는 남녀들일 때와 여자들일 때가 다르다는 것. 그래서 여자들일 때는 과거 접사와 인칭 어미 사이에 '-y-'를 넣어주면 된다. 그러나 남자들, 남녀들일 때는 모음

'-i-'가 들어가게 되면서 앞의 자음을 연음화시켜서, 경자음 ł가 기능적 연자음인 l로 바뀌게 된다.

다시 말해서 동사 어간 'by-'에 과거 시제 어미 단수 1인칭 -łem(남), -łam(여), 2인칭 -łeś(남), -łaś(여), 3인칭 -ł(남), -ła(여), -ło(중), 복수 1인칭 -liśmy(남자 또는 남녀), -łyśmy(여자), 2인칭 -liście(남자 또는 남녀), -łyście(여자), 3인칭 -li(남자 또는 남녀), -ły (여자 또는 그것)를 결합시키면 되는 것이다.

być	단 수			복 수		과거형 어미	
	남성	여성	중성	남성 사람	그 외의 성(性)	단수	복수
1인칭	by-ł-e-m	by-ł-a-m		by-l-i-śmy	by-ł-y-śmy	-łem / -łam	-liśmy / -łyśmy
2인칭	by-ł-e-ś	by-ł-a-ś		by-l-i-ście	by-ł-y-ście	-łeś / -łaś	-liście / -łyście
3인칭	by-ł-ø	by-ł-a	by-ł-o	by-l-i	by-ł-y	-ł / -ła / -ło	-li / -ły

II. 과거 시제 어간에서의 모음변화

1. a // e (-ał- → -el-): -eć로 끝나는 동사들;

mieć	단 수	복 수	
		남성 사람	그 외의 성
1	miałem/ miałam	mieliśmy	miałyśmy
2	miałeś/ miałaś	mieliście	miałyście
3	miał/ miała/ miało	mieli	miały

-eć 동사들은 원형 어미 -ć를 빼면 동사 어간이 모음 -e로 끝이 난다.

과거 시제 어간은 바로 이 어간의 모음 -e가 -a로 변화되는 것이다.

그러나 복수 남자형에서는 원형 어간과 동일한 모음 -e로 다시 변화되었음을 알 수 있다.

과거 접사 -ł-, 그리고 복수에서는 과거 접사가 -l-로, 경자음 ł 때문에 앞의 모음이 후설 모음 a로, 기능적 연자음 l은 앞의 모음이 다시 전설 모음 e로 바뀌는 것이다. 이유는 발음을 쉽게 하기 위해서이다.

이와 동일하게 변화하는 동사들:

※ chcieć (원하다)
krzyczeć (소리치다)
lecieć (날다)
leżeć (눕다)
milczeć (침묵하다)
musieć (해야만 한다)
patrzeć (쳐다보다)
powiedzieć (말하다)
przypomnieć (기억하다)
siedzieć (앉다)
słyszeć (듣다)
woleć (-보다 더 원하다)
zapomnieć (잊어버리다)
znaleźć (찾다)
widzieć (보다)
rozumieć (이해하다) 등등

2. ą // ę (-ął- → -ęł-): -ąć, -nąć로 끝나는 몇몇 동사들;

wziąć (가져오다)	단 수	복 수	
		남성 사람	그 외의 성
1	wziąłem/ wzięłam	wzięliśmy	wzięłyśmy
2	wziąłeś/ wzięłaś	wzięliście	wzięłyście
3	wziął/ wzięła /wzięło	wzięli	wzięły

위 동사는 어간이 단수 남성 형태에서만 동사 원형 어간과 과거 시제 어간이 동일하고, 그 나머지 과거 시제 어간에서는 ą이 ę으로 바뀌어 -ęła, -ęło, -ęli, -ęły 형태임을 알아 볼 수 있다.

아래의 동사들은 위와 동일하게 변화하는 동사들이다;

※ dąć (불다)
miąć (구기다)
dźwignąć (올리다)
kopnąć (발로 차다)
krzyknąć (소리치다)
płynąć (흐르다) 등등

III. 과거 시제 어간이 동사 원형 어간과 다른 동사들

1. 몇몇 -eć 로 끝나는 동사;

	3인칭	
	남성단수	남성사람복수
trzeć (문지르다)	tarł	tarli
drzeć (찢다)	darł	darli
umrzeć (죽다)	umarł	umarli
oprzeć (기울이다)	oparł	oparli

2. -c 로 끝나는 동사;

	3인칭	
	남성단수	남성사람복수
biec (달리다)	biegł	biegli
piec (굽다)	piekł	piekli
strzec (지키다)	strzegł	strzegli
tłuc (두드리다)	tłukł	tłukli
móc (할 수 있다)	mógł	mogli

 móc 동사에서 모음 변화: o // ó

(mogłem/ mógł/ mogła/ mogło/ mogliśmy/ mogłyśmy)

3. -ść / -źć로 끝나면서 모음과 자음변화 동사들;
(-adł // -edl, -azł // -eźl)

	3인칭	
	남성단수	복수
jeść (먹다)	jadł	jedli / jadły
kraść (훔치다)	kradł	*kradli / kradły
usiąść (앉다)	usiadł	usiedli / usiadły
znaleźć (찾다)	znalazł	znaleźli / znalazły

4. -ść / -źć 로 끝나면서 모음과 자음변화 동사들; (-osł // -ósł // -eśl)

( 단수 3인칭 남성형과 복수 남자(남성 사람형)에서 변화함)

nieść (가져오다)	단 수			복 수	
	남성	여성	중성	남성사람	그 외의 성
1인칭	niosłem	niosłam		nieśliśmy	niosłyśmy
2인칭	niosłeś	niosłaś		nieśliście	niosłyście
3인칭	niósł	niosła	niosło	nieśli	niosły

※ wieźć (운송하다)

gnieść (압착하다)

pleść (꼬다)

wieść (인도하다) 등등

5. iść 동사의 과거 시제 활용;

	단 수			복 수	
	남성	여성	중성	남성사람	그 외의 성
1인칭	szedłem	szłam		szliśmy	szłyśmy
2인칭	szedłeś	szłaś		szliście	szłyście
3인칭	szedł	szła	szło	szli	szły

단수 남성의 과거 시제 어간만 szed-이고 나머지 과거 시제 어간은 -sz이다!

함께 풀어봅시다.

문제 1 다음 문장을 과거시제로 바꾸시오.

1. Jestem znanym malarzem.

   →

2. Julia jest bardzo wesoła.

   →

3. Czy państwo są już w Seulu?

   →

4. Studiujemy medycynę.

   →

5. Jem smaczne kanapki.

   →

6. Nie mam czasu.

   →

7. Leo ma dobry samochód.

   →

8. Idziemy na koncert.

   →

9. Moja żona bierze witaminę C.

   →

10. Kto widzi ten film?

→

11. Studenci muszą zdać ten egzamin.

→

12. Dziecko może to pić.

→

13. Właśnie myślę o tobie.

→

14. Ci robotnicy pracują w tej fabryce.

→

15. Moja koleżanka dobrze śpiewa.

→

16. Dziecko spokojnie śpi.

→

17. Nauczyciel długo pisze.

→

18. Czy podoba ci się ten obraz?

→

19. Ten płaszcz leży na tym krześle.

→

20. Teraz studenci wezmą wakacje.

→

16 동사의 미래시제
Czas przyszły czasowników

폴란드어의 미래시제는 동사가 어떤 동사인가에 따라 형태가 다르다.

즉, 불완료형 동사와 완료형 동사의 미래시제의 활용이 다르다는 것이다.

동사의 상(불완료형와 완료형)은 다음에 배우기로 하고, 우선, 여기서는 미래시제 형태를 설명하겠다.

I. 복합 미래 시제

복합미래시제는 불완료형 동사만 활용이 된다.

1. być 동사의 미래시제 + 불완료형 동사의 3인칭 과거시제 단수 또는 복수

być 동사의 미래시제		+불완료형 동사의 3인칭 과거형 단수 또는 복수
(ja)	będę	+ czytał / czytała
(ty)	będziesz	+ czytał / czytała
(on)	będzie	+ czytał
(ona)	będzie	+ czytała
(ono)	będzie	+ czytało
(my)	będziemy	+ czytali / czytały
(wy)	będziecie	+ czytali / czytały
(oni)	będą	+ czytali
(one)	będą	+ czytały

예문) Będzie słuchał radia. (그는 라디오를 들을 것이다.)

Będą spotykały się z aktorem. (그녀들은 배우를 만날 것이다.)

Będziesz robiła zadanie domowe. (너는(女性) 숙제를 할 것이다.)

2. być 동사의 미래시제 + 불완료형 동사 원형

이 형태의 미래시제는 구어체에서 많이 쓰인다.

예문) Będę czytać książkę. (나는 책을 읽을 것이다.)

Będziesz śpiewać piosenkę. (너는 노래를 부를 것이다.)

Będzie jechać do Krakowa. (그는(그녀는) 크라쿠프에 갈 것이다.)

어순은 보통 być동사의 미래 시제 + 불완료형 동사의 원형이나 3인칭 단 / 복수 과거 시제 순서로 쓴다.

간혹 거꾸로의 형태로(즉; czekał będę) 쓰이기도 하지만, 거의 쓰지 않는다.

폴란드어의 부정어 nie를 덧붙일 때는 항상 동사 앞에 위치한다.

즉, 미래 시제 być 동사 앞에 위치하면 되는 것이다.

만약 미래시제의 어순이 거꾸로인 경우에는 항상 być 동사 앞에 위치해야만 한다.

예문) Ja na ciebie czekać nie będę. (나는 너를 기다리지 않을 것이다.)

('나'와 '-하지 않을 것이다'에 강조의 의미를 지닌 문장입니다.)

II. 단순 미래 시제

완료형 동사에서만 활용된다!

완료형 동사의 미래 시제 형태는 현재 시제 활용과 같다. 즉, 형태는 현재인데, 의미는 미래인 것이다.

완료형 동사는 활용이 단지 미래와 과거 시제 뿐이다.

결국 어떠한 동사인 줄 알아야, 정확히 미래 시제를 만들 수 있다. 이에 대한 구분은 다음 과에서 자세히 배우도록 하겠다.

여기서는 완료형 동사의 미래시제는 현재시제의 모양을 하고 있다는 것만 알아두면 되겠다.

예문) Napiszę list do ciebie. (나는 너에게 편지를 쓸 것이다.)
Na pewno zjesz kolację dużo. (분명히 너는 저녁을 많이 먹을 것이다.)
Następnego roku pojedzie do Seulu. (내년에 그는(그녀는) 서울에 갈 것이다.)
Kupimy czasopismo w tej księgarni. (그 서점에서 우리는 잡지를 살 것이다.)
Dacie dziecku pieniądze. (너희들은 어린아이에게 돈을 줄 것이다.)
Przeczytają ciekawą bajkę. (그들은 재미있는 동화를 읽을 것이다.)

함께 풀어봅시다.

문제 1 다음 문장을 미래시제로 바꾸시오.

1. Czytam ciekawą książkę.
→

2. Czy piszesz list do kolegi?
→

3. Gdzie pan mieszka?
→

4. Uczniowie pilnie się uczą.
→

5. Wieczorem robię zadanie domowe.
→

6. Idę z nią do teatru.
→

7. Dziecko mówi matce wszystko.
→

8. Ojciec kupuje lalkę dla swojej córki.
→

9. Bardzo lubimy pić mocną herbatę.
→

10. Czy rozumiecie ten tekst?

→

문제 2 다음 동사의 미래시제로 활용하여 문장을 완성하시오.

1. Następnego tygodnia profesor .... (pojechać) do Polski.
2. .... (wstać, ja) jutro o 5:00.
3. Moi sąsiedzi .... (dać) mi tę wiadomość.
4. Kiedy .... (powiedzieć, ty) mi o tym?
5. Na pewno ten gość .... (wrócić) do domu.
6. Zaraz .... (zadzwonić, ja) do ciebie.
7. Siostra .... (umyć) te wszystkie jabłka.
8. .... (zrobić, wy) te ćwiczenia.
9. Rodzice .... (otworzyć) drzwi.
10. Brat .... (kupić) nowy samochód.

폴란드어 문법

2부

01 동사의 상
Aspekt czasowników

I. 상(相, ASPEKT)이란?

상이란 동사에 의해 표현되는 동작이 지속적이거나 반복되는가 아니면 완료되었는가를 나타내기 위한 문법 형식이다. 폴란드어 동사는 동작의 상태에 따라 불완료형(czasowniki niedokonane: ndk)과 완료형(czasowniki dokonane: dk)으로 나뉘는데 동작이나 상태가 진행 또는 계속되거나 반복될 때에는 불완료형 동사를, 동작이 일회성이거나 완료된 것은 완료형 동사를 사용한다.

1. 불완료형 동사

현재, 과거, 미래 시제에서 어떠한 행위가 계속적, 반복적, 습관적으로 행해질 때 사용된다. 일반적으로 아래 예들처럼 시간의 지속이나 반복을 의미하는 부사들과 함께 쓰인다.

często(자주), wciąż(계속), ciągle(계속해서), zawsze(항상)
zwykle(보통, 대개), chwilami(순간마다), czasem(때때로)
czasami(가끔, 때때로), nieraz(여러번), długo(오랫동안)
krótko(잠깐동안) ... 등.

예문을 통해 불완료형 동사가 어떻게 쓰였는지 살펴보자.

np.) 불완료형 동사

① Zawsze wraca/wracał do domu zmęczony.
(그는 항상 피곤한 상태로 집으로 돌아온다/돌아왔다.)

② Zwykle dziękowali za jego pomoc.
(그들은 늘 그의 도움에 대해 감사했다.)

③ Długo rozmawialiśmy o kolegach.
(우리들은 오랫동안 친구들에 대해 얘기했다.)

④ Ciągle czekam na list od mojego narzeczonego.
(나는 계속해서 내 약혼자로부터의 편지를 기다리고 있다.)

폴란드어에서는 행위의 시작과 끝을 나타내는 zacząć(시작하다), skończyć(끝나다), przestać(멈추다) 등의 동사 다음에 동사원형을 쓸 때는 항상 불완료형 동사를 사용한다.

zacząć, skończyć, przestać + 불완료형 동사 원형

np.) ① Zaczął uczyć się języka angielskiego w zeszłym roku.
(그는 지난해에 영어를 배우기 시작했다.)

② W tym tygodniu skończę pisać pracę doktorską.
(나는 이번 주에 박사학위 논문 쓰는 것을 끝낼 것이다.)

2. 완료형 동사

과거에 이미 (한 번) 일어나서 행위가 끝났거나, 미래에 (한 번) 일어나 끝나게 될 동작을 나타낸다. 동사의 행위가 완료되기 때문에 결과를 알 수 있다. 완료형 동사에서 가장 중요한 것은 완료형 동사의 현재 활용형은 현재 시제를 나타내는 것이 아니라 미래를 의미한다. 다시 말해 형태적으로는 현재 시제처럼 변화하지만 의미는 미래를 뜻하며, 이를 단순 미래형이라고 한다. 완료형 동사의 현재 변화형은 미래를 의미! 완료형 동사는 주로 아래와 같이 순간적, 일회적 의미의 부사들과 함께 쓰인다.

nagle(갑자기), nieoczekiwanie(뜻밖에), zaraz(곧), za chwilę(당장),
nareszcie(드디어, 마침내), wreszcie(끝으로), natychmiast(즉시),
wkrótce(곧) ... 등.

np.) 완료형 동사

① Zaraz zadzwonię do niej. (나는 곧 그녀에게 전화할 것이다.)

② Nareszcie on wrócił! (마침내 그가 돌아왔구나!)

③ Nagle on wyszedł z domu. (그는 갑자기 집에서 떠났다.)

II. 상의 분류

1. 접두사 + 불완료형 동사 = 완료형 동사

불완료형 동사에 접두사를 덧붙여 뜻이 바뀌지 않는 완료형 동사를 만들 수 있다.

	ndk. (불완료형)		dk. (완료형)
(1) 접두사 z- (s-, ś-):	robić (하다)	-	zrobić
	jeść (먹다)	-	zjeść
	kończyć (끝나다)	-	skończyć
	próbować (노력하다)	-	spróbować
(2) 접두사 za- :	czekać (기다리다)	-	zaczekać
	dzwonić (전화하다)	-	zadzwonić
	pytać (질문하다)	-	zapytać
	grać (시합하다, 연주하다)	-	zagrać
(3) 접두사 po- :	dziękować (감사하다)	-	podziękować
	jechać (타고 가다)	-	pojechać
	prosić (부탁하다)	-	poprosić
	szukać (찾다)	-	poszukać
(4) 접두사 u- :	gotować (요리하다)	-	ugotować
	myć (씻다)	-	umyć
	słyszeć (듣다)	-	usłyszeć
(5) 접두사 wy- :	pić (마시다)	-	wypić
(6) 접두사 prze- :	czytać (읽다)	-	przeczytać
(7) 접두사 na- :	pisać (쓰다)	-	napisać
	uczyć (가르치다)	-	nauczyć
(8) 접두사 o- :	golić się (면도하다)	-	ogolić się

2. 어간의 접미사와 어간의 이형(異形)

불완료형 동사의 어간 일부가 변하거나 접미사의 형태가 달라져 완료형 동사를 만들기도 한다.

ndk	dk	
(1) -a-	-i-/-y-	
chwytać (붙잡다) rzucać (던지다)	chwycić rzucić	t : ci c : ci
(2) -a-	-i-/-y-	
wracać (돌아오다) skakać (깡충 뛰다) zarabiać (돈을 벌다)	wrócić skoczyć zarobić	a : ó // c : ci a : o // k : cz a : o
(3) -a-	-ną-	
zamykać (닫다)	zamknąć	y : ø
(4) -a-	-e-	
umierać (죽다)	umrzeć	e : ø // r : rz
(5) -owa-	-i-	
kupować (사다)	kupić	p : pi
(6) -awa-	-a-	
dawać (주다)	dać	

3. 불규칙

불완료형 동사와 완료형 동사의 형태가 완전히 다른 동사쌍들이다. 반드시 외워두도록 하자.

ndk	dk	ndk	dk
brać (잡다)	wziąć	przyjeżdżać (도착하다)	przyjechać
iść (가다)	pójść	siadać (앉다)	(u)siąść
kłaść (놓다)	położyć	widzieć (보다)	zobaczyć
mówić (말하다)	powiedzieć	znajdować (발견하다)	znaleźć

III. 동사 군(郡)

불완료형 동사는 접두사를 덧붙여 완료형 동사를 만들 수 있다. 하지만 폴란드어 동사는 불완료형 동사를 기본으로 하여 다양한 접두사들이 붙어 더 많은 의미의 완료형 동사들이 만들어진다. 이때 의미는 접두사에 따라 조금씩 달라지며, 이렇게 만들어진 완료형 동사는 또 다른 자신의 불완료형 동사쌍을 가질 수 있다. 예를 살펴보면, 불완료형 동사인 pisać(쓰다)의 완료형 동사는 napisać이다. 그런데 pisać동사는 접두사 od-, do-, pod-, prze- 등을 덧붙여 odpisać(답장하다), dopisać(덧붙여 쓰다), podpisać(서명하다), przepisać(베껴 쓰다)의 새로운 의미의 또 다른 완료형 동사를 만들 수 있다. 접두사의 의미에 따라 새롭게 만들어진 이 동사들은 자신의 불완료형 쌍을 가질 수 있다.

불완료형 동사와 이를 기본으로 접두사를 덧붙여 만들어진 완료형 동사의 쌍을 기본쌍(podstawowa para aspektowa)이라고 하고, 다양한 접두사를 붙여 만들어진 새로운 의미의 완료형 동사와 그것과 쌍을 이루는 불완료형 동사를 이차쌍(wtórna para aspektowa)이라고 한다.

불완료형 동사(기본형)	완료형 동사	접두사가 붙은 새로운 의미의 완료형 동사	새로운 의미 동사의 불완료형 동사
pisać (쓰다)	napisać	odpisać (답장하다) dopisać (덧붙여 쓰다) podpisać (서명하다)	odpisywać dopisywać podpisywać ......
prosić (요청하다)	poprosić	zaprosić (초대하다) przeprosić (사과하다)	zapraszać przepraszać
기본쌍		이차쌍	

폴란드어는 기본 동사에서 접두사를 덧붙임으로써 다양한 의미의 많은 동사들이 파생된다.

기본쌍		이차쌍		뜻
ndk	dk	dk	ndk (-awa-)	
dawać (주다)	dać			주다
		oddać	oddawać	돌려주다
		nadać	nadawać	(편지 등) 보내다
		wydać	wydawać	출판하다; (돈)출금하다; 쓰다
		podać	podawać	넘겨주다; 건네다

기본쌍		이차쌍		뜻
ndk	dk	dk	ndk (-ywa-)	
pisać	napisać			쓰다
		odpisać	odpisywać	답장하다
		dopisać	dopisywać	덧붙여 쓰다
		opisać	opisywać	묘사하다
		przepisać	przepisywać	베껴쓰다; 다시쓰다
		podpisać	podpisywać	서명하다
		spisać	spisywać	명부에 기입하다
		zapisać	zapisywać	기록하다

기본쌍		이차쌍		뜻
ndk	dk	dk	ndk (-a-)	
prosić	poprosić			요청하다
		przeprosić	przepraszać	사과하다
		zaprosić	zapraszać	초대하다

기본쌍		이차쌍		뜻
ndk	dk	dk	ndk (-a-)	
mówić	powiedzieć			말하다
		odpowiedzieć	odpowiadać	대답하다
		opowiedzieć	opowiadać	이야기하다

IV. 상과 시제

상 / 시제	불완료상(pisać)		완료상(napisać)	
현재	Piszę.	쓴다/쓰고 있다.	-	-
과거	Pisałem.	썼다/쓰고 있었다.	Napisałem	다 썼다/ 다 써버렸다.
미래	(복합형) Będę pisać/pisał.	쓸 것이다/ 쓰고 있을 것이다.	(단순형) Napiszę	다 쓸 것이다.
	지속, 반복, 사실		행위의 완료, 일회성	

함께 풀어봅시다.

문제 1 괄호 안의 부사를 사용하여 동사를 알맞게 바꾸시오.

np.) Przyszedłem do domu o czwartej. (codziennie)
Codziennie przychodzę do domu o czwartej.

1. Przyjechałem w niedzielę do Seulu. (często)

2. Wyjechaliśmy na wakacje w czerwcu. (zawsze)

3. Dojechaliśmy do Poznania opóźnieni. (prawie zawsze)

4. Zjechałem z tej góry na nartach. (zawsze)

5. Wjechaliśmy do miasta od strony zachodniej. (nieraz)

6. Przejechaliśmy Katowice koło ósmej. (zawsze)

7. Rozeszliśmy się do domów przed północą. (rzadko)

8. Rodzice odjechali przed Wielkąnocą. (zawsze)

9. Jechałem ekspresem do Katowic. (często)

10. Podeszła pod samą bramę. (zawsze)

문제 2 괄호 안의 동사 중 알맞은 것을 선택하시오.

np.) (Będę pisać/napiszę) do ciebie codziennie.

1. Moi koledzi (będą spędzać/spędzą) najbliższy weekend w Krynicy.

2. Nie mamy dużo czasu - chyba (będziemy brać/weźmiemy) taksówkę.

3. W tym tygodniu Marek (będzie się wprowadzał/wprowadzi się) do nowego mieszkania.

4. (Będę dzwonił/zadzwonię) do pana co tydzień z prośbami.

5. Kiedy (będziesz mówić/powiesz) rodzicom o twoich planach?

6. Jeśli (ty) (będziesz kupować/kupisz) ten samochód, to będzie wydawać dużo pieniędzy na naprawy.

7. Kiedy będziemy na miejscu, od razu (będę wysyłać/wyślę) ci e-mail.

문제 3 문장에 알맞은 동사를 선택하시오.

np.) .... tego człowieka tylko raz w życiu.

a) spotykałem b) spotkałem

1. Wczoraj .... tę gazetę do końca.

a) czytałam b) przeczytałam

2. .... ten film tylko pół godziny.

a) oglądałam b) obejrzałam

3. Czy .... już wszystkie jedzenia, czy jeszcze coś zostało?

a) jadłaś b) zjadłaś

4. Zosia ma wspaniały samochód. Kiedy go .... ?

a) kupowała b) kupiła

5. Moja matka codziennie .... kolację w domu.

a) gotowała b) ugotowała

6. Piotr cały dzień .... centrum w tym mieście.

a) zwiedzał b) zwiedził

7. Od kogo .... te piękne kwiaty?

a) dostawałaś b) dostałaś

문제 4

Ostatnio lato Tomek (1) spędzał/spędził u dziadków w Zakopanem. Pewnego dnia (2) poznał/znał tam bardzo miłą dziewczynę, która miała ma na imię Krysia. Tomek i Krysia (3) spotykali się/spotkali się często i dużo (4) porozmawiali/rozmawiali. Codziennie (5) chodzili/poszli też na spacery. Niestety Krysia (6) mieszkała/zamieszkała w Krakowie, a Tomek w Warszawie. Kiedy lato (7) się kończyło/się skończyło, Tomek (8) wracał/wrócił do swojego domu, a Krysia też do Krakowa. Od tego czasu Tomek codziennie (9) napisał/pisał do Krysi e-maile, a Krysia (10) odpisała/odpisywała tylko raz.

문제 5

Nazwam się Marek Krakowski. W przyszłym roku (1) .... (jechać/pojechać) do Korei. W Korei mieszka moja siostra z rodziną. Najpierw (2) .... (zwiedzać/zwiedzić) Seul, potem (3) .... (studiować) w Seulu język. Kiedy się (4) .... (uczyć/nauczyć) tego języka, (5) .... (zaczynać /zacząć) studiować kulturoznawstwo. Później tam (6) .... (pracować). Nie wiem, kiedy (7) .... (wracać/wrócić)do Polski. Potem (8) .... (żenić się/ożenić się) z moją dziewczyną. My (9) .... (budować/ zbudować) ładny dom i (my) (10) .... dużo .... (podróżować). Później (my) (11) .... (przeprowadzać się/przeprowadzić się) nad morze. Tam (12) .... (mieszkać/zamieszkać) do końca życia.

02 이동 동사의 상
Czasowniki ruchu - aspekt

Iść(걸어가다), jechać(타고 가다), biec(뛰어가다), lecieć(날아가다), płynąć(헤엄치다) 등과 같이 행위로 인해 장소의 이동이 일어나는 것을 이동 동사라고 한다. 가장 기본적인 이동 동사의 활용형을 시제별로 다시 한 번 살펴보기로 하자.

I. 이동 동사

Iść, chodzić: jechać, jeździć의 동사변화

현재시제(Czas teraźniejszy)			
iść		chodzić	
idę	idziemy	chodzę	chodzimy
idziesz	idziecie	chodzisz	chodzicie
idzie	idą	chodzi	chodzą
jechać		jeździć	
jadę	jedziemy	jeżdżę	jeździmy
jedziesz	jedziecie	jeździsz	jeździcie
jedzie	jadą	jeździ	jeżdżą

<table>
<tr><th colspan="6">미래시제(Czas przyszły)</th></tr>
<tr><th colspan="2">pójść</th><th colspan="4">chodzić</th></tr>
<tr><td>pójdę</td><td>pójdziemy</td><td>będę</td><td rowspan="3">chodzić /
chodził /
chodziła /chodziło</td><td>będziemy</td><td rowspan="3">chodzić /
chodzili /
chodziły</td></tr>
<tr><td>pójdziesz</td><td>pójdziecie</td><td>będziesz</td><td>będziecie</td></tr>
<tr><td>pójdzie</td><td>pójdą</td><td>będzie</td><td>będą</td></tr>
</table>

과거시제(Czas przeszły)			
iść		chodzić	
szedłem, szłam	szliśmy, szłyśmy	chodziłem, -am	chodziliśmy,chodziłyśmy
szedłeś, szłaś	szliście, szłyście	chodziłeś, -aś	chodziliście,chodziłyście
szedł, szła, -o	szli, szły	chodził, -a, -o	chodzili, -ły
jechać		jeździć	
jechałem, -am	jechaliśmy,jechałyśmy	jeździłem, -am	jeździliśmy, jeździłyśmy
jechałeś, -aś	jechaliście,jechałyście	jeździłeś, -aś	jeździliście, jeździłyście
jechał, -a, -o	jechali, jechały	jeździł, -a, -o	jeździli, -ły

이동 동사들도 자신의 완료형 동사쌍을 가지고 있다. 주로 기본쌍의 완료형 동사는 불완료형 동사에 접두사 po-가 붙는다. 또한 이동 동사들의 이차쌍 완료형 동사들도 일반 동사의 이차쌍과 마찬가지로 다양한 접두사가 붙어 여러 가지의 의미를 나타낸다.

기본쌍		이차쌍		뜻
ndk	dk	dk	ndk	
iść	pójść		<chodzić> 습관상	가다 (걸어서)
		wejść	wchodzić	들어가다, 오르다
		wyjść	wychodzić	나가다
		przyjść	przychodzić	가다; 도착하다
		odejść	odchodzić	떠나다
		przejść	przechodzić	지나가다
		zejść	schodzić	내려가다
		dojść	dochodzić	-로 가다
		podejść	podchodzić	올라가다, 다가가다

기본쌍		이차쌍		뜻
ndk	dk	dk	ndk	
jechać	pojechać		<jeździć> 습관상	가다 (-을 타고)
		wjechać	wjeżdżać	들어가다, 올라가다
		wyjechać	wyjeżdżać	나가다, 내리다
		przyjechać	przyjeżdżać	가다; 도착하다
		odjechać	odjeżdżać	떠나다
		przejechać	przejeżdżać	통과하다
		zjechać	zjeżdżać	내려가다
		dojechać	dojeżdżać	-로 가다
		podjechać	podjeżdżać	올라가다, 다가가다

일반적으로 이동 동사는 다양한 접두사가 붙어 행위에 대한 특정한 방향성이 부여된다. 많이 쓰이는 접두사와 그 의미를 살펴보자.

접두사	의미(방향)		예문
do-		목표점을 향해 감	Doszłam do biblioteki. 나는 도서관으로 갔다.
o/ob-		주위를 순회함	Każdego roku kolędnicy obchodzili całą wieś. 매년 성가대는 전체 마을을 돌아다녔다.
od(e)		떠남	Mój kolega odjechał bez pożegnania. 내 친구가 인사도 없이 떠났다.
pod-		위로 올라감/ 가까이 다가감	W czasie powodzi woda podeszła do pierwszego piętra. 홍수 때 물이 일층까지 차올랐다. Kiedy odpoczywał codziennie w parku, zawsze podchodziła do niego bezdomna kobieta. 그가 매일 공원에서 쉬고 있을 때, 항상 집없는 여자가 그에게 다가왔다.
nad-		위에서 내려옴/다가옴	Uważaj, nadjeżdża tramwaj! 조심해, 전차가 다가오고 있어!
prze-		통과, 지나감	Idąc do szkoły, przejdę obok tej poczty. 나는 학교에 가면서 이 우체국을 지나갈거야.
przy-		도착	Przyjechałem do Krakowa. 나는 크라쿠프에 도착했어요.
roz-		여러 방향으로 흩어짐	Po nocy goście rozjechali się do swoich domów. 자정이 지나 손님들은 자신들의 집으로 뿔뿔이 흩어져갔다.
w(e)-		안으로 들어옴 위로 올라감	Wejdę do domu. 나는 집(안)으로 들어갈거야. Wchodzę na szczyt góry. 나는 산 정상으로 올라간다.
wy-		밖으로 나감	Wyszedł z pokoju. 그는 방에서 나왔다.
s/z(e)		아래로 내려감	Za chwilę zejdę na dół. 내가 곧 아래로 내려갈게.

II. 정태 동사와 부정태 동사

불완료형 동사인 < >안의 chodzić(걸어서 가다)와 jeździć(타고 가다)는 여러 차례 반복해서 행해지는 습관을 표현하는 것으로 습관상이라고도 한다. 예를 들어 "Idę do szkoły"는 나는 학교에 간다는 사실이나 현재 진행 상황을 표현하는 것이지만 "Chodzę do szkoły"는 학교에 다닌다의 의미가 되는 것이다. 통학이나 통근과 같이 반복이나 습관적인 행동에 주로 사용한다. 이처럼 '(걸어서)가다'의 의미일지라도 방향성을 지니느냐 아니냐, 습관적, 반복적 행위이냐에 따라 정태 동사와 부정태 동사로 나눌 수 있다.

1. 정태동사

일정한 시간에 한 번의 행위를 하여 일정한 방향으로 계속적으로 움직임이 진행되는 동사를 말한다.

1) 일정 시간에 일정한 방향의 목적지가 있는 한 방향으로의 진행

np.) ① Idę do domu. (나는 집으로 간다.)
② Jadę do Warszawy. (나는 바르샤바로 간다.)
③ Dziecko idzie do pokoju. (아이가 방으로 간다.)

2) 현재형은 미래의 시간 부사와 쓰여 가까운 미래를 나타내기도 한다.

np.) ① Jutro idę do ciebie. (내일 내가 너한테 갈게.)

3) 교통 수단이 한 방향으로 이동

np.) ① Ten pociąg jedzie do Krakowa. (이 기차는 크라쿠프로 간다/가고 있다.)
② Ten samochód jedzie do tego garażu. (이 차는 이 차고로 간다/가고 있다.)

2. 부정태동사

일정한 방향성을 갖지 않거나 방향성을 지니더라도 습관적이거나 반복적인 행위를 할 때 사용한다.

1) ① Chodzę na Uniwersytet. (나는 대학을 다닌다.)
② Codziennie jeżdżę do pracy. (나는 매일 일하러 다닌다.)
③ Dziecko chodzi po pokoju. (아이가 방 여기저기를 걸어다닌다.)
④ Matka chodzi na spacer co rano.
(엄마는 아침마다 산책하러 간다(산책을 다닌다).)

2) ① Pogotowie jeździło po mieście i woziło rannych do szpitala.

(구급차가 도시 여기저기를 돌아다녀 부상자들을 병원으로 실어 날랐다.)

② Ludzie co niedzielę chodzą do kościoła i noszą ze sobą książeczki do nabożeństwa.

(사람들은 일요일마다 교회를 다니고 미사책을 스스로 가지고 간다.)

3. 많이 사용되는 정태 동사와 부정태 동사

정태 동사	부정태 동사	뜻
iść	chodzić	(걸어서) 가다
jechać	jeździć	(타고) 가다
wieźć	wozić	(타고) 운반하다, 나르다, 데리고 가다
nieść	nosić	(걸어서) 나르다, 가지고 가다
przywieźć	przywozić	(타고)가져오다, 데리고 오다
przynieść	przynosić	(걸어서)가져오다
płynąć	pływać	헤엄치다
biec, biegnąć	biegać	뛰어가다
lecieć	latać	날아가다

wieźć, wozić, nieść, nosić의 동사 변화

wieźć		wozić	
wiozę	wieziemy	wożę	wozimy
wieziesz	wieziecie	wozisz	wozicie
wiezie	wiozą	wozi	wożą
nieść		**nosić**	
niosę	niesiemy	noszę	nosimy
niesiesz	niesiecie	nosisz	nosicie
niesie	niosą	nosi	noszą

함께 풀어봅시다.

문제 1 문장 속의 이동 동사를 알맞게 바꾸어 넣으시오.

np.) Idę do tego parku.
Codziennie <u>chodzę</u> do tego parku.

1. Jadę do Zakopanego w sierpniu.
   Zawsze .... do Zakopanego w listopadzie.

2. Dzisiaj wyjdę z domu o szóstej.
   Zawsze .... z domu o siódmej.

3. Przyjdę do akademika później. Zawsze .... wcześniej.

4. Zejdziesz na piwo do baru?
   Przecież zawsze .... na piwo o dziewiętnastej.

5. Przyjdę do pana profesora po południu.
   Zawsze .... rano.

6. W tym tygodniu wyjadę z Jankiem.
   Zwykle .... z Marią.

7. Dziś w końcu odejdę od ciebie.
   .... już tak od roku.

8. Przejadę dzisiaj przez tę Aleję.
   Normalnie tamtędy nie ....

9. Pójdziemy dzisiaj na kawę.
Zwykle .... na wino.

10. Wejdę tymi drzwiami.
Zwykle .... innymi.

문제 2 괄호 안의 동사 중 하나를 선택하여 인칭과 시제에 맞게 변형시키시오.

1. (roznieść-roznosić/현) Ta kelnerka .... tylko zupy.

2. (przybiec-przybiegać/과) Po kilku dniach pies .... sam do domu.

3. (przenieść-przenosić/과) Kiedy .... te wszystkie książki, byłem zmęczony.

4. (podwieźć-podwozić/미) Krysia .... męża do dworca centralnego.

5. (przynieść-przynosić/과) Barman .... nam wódki.

6. (wnieść-wnosić/과) Dziś robotnik .... meble po schodach z powodu nieczynnej windy.

7. (wynieść-wynosić/현) Zawsze pielęgniarze .... chorych z karetki pogotowia.

8. (wywieźć-wywozić/과) Wczoraj oni .... śmieci.

9. (znieść-znosić) Tomku, proszę .... swoje stare rzeczy do piwnicy.

10. (przywieźć-przywozić/현) Moi dziadkowie często .... mi prezent.

문제 3 알맞은 동사를 선택하여 의미에 맞게 바꾸어 넣으시오.

1. [wybiec, wbiec, pobiec, pobiegać]

   Dziecko .... z płaczem do pokoju.

   아이는 울면서 방으로 뛰어 들어왔다.

2. [obejść, obchodzić, odejść, odchodzić]

   Codziennie .... dom dookoła.

   매일 그는 집 주변을 돌아다녔다.

3. [zejść, zejść się, schodzić, schodzić się]

   Nagle studenci .... w dużej sali.

   갑자기 학생들이 큰 방에 모였다.

4. [wyjść, wejść, podejść, przyjść]

   Dwaj chłopcy .... do środka.

   두 소년이 가운데로 들어왔다.

5. [zejść, zejść się, schodzić, schodzić się]

   Zaraz kilka osób .... na parter.

   곧 몇 사람이 1층 로비로 내려올 것이다.

6. [napisać, wpisać, odpisać, zapisać]

   .... na mój list.

   그는 내 편지에 답장을 했다.

7. [wnieść, donieść, znosić, znieść]

   Z trudem .... ten ciężar na miejsce.

   나는 어렵게 이 짐을 제자리로 운반했다.

8. [odwieźć, odwozić, wywieźć, dowieźć, dowozić]

   Zawsze .... znajomych na dworzec.

   나는 항상 지인들을 역에 데려다 주었다.

9. [schodzić, zejść, wychodzić, wyjść]

.... z góry ponad godzinę.

우리는 한 시간 이상 산에서부터 내려오고 있다.

10. [schodzić, zejść, wychodzić, wyjść]

Jak pada deszcz, nie lubię .... z domu.

나는 비가 올 때 집에서 나가는 것을 좋아하지 않는다.

03 명령법
Tryb rozkazujący

명령법은 화자가 청자에게 무엇을 요구하거나 시킬 때 사용하는 구문이다. 완료 동사와 불완료형 동사 모두 명령형 문장으로 표현이 가능하다. 폴란드어에서 명령, 요청을 표현할 수 있는 구문은 아래와 같이 3가지 형태가 있다.

I. 명령문의 종류

1. 기본 명령형

격식이 없는 사이에 사용하는 구문으로 "우리 ~하자!"의 1인칭 복수, "너 또는 너희들 ~해라!"의 의미인 2인칭 단수, 복수가 가능.

np.) ① Przeczytaj tę książkę do końca! 이 책을 끝까지 다 읽어라!
② Wypijcie to! 너희들 이거 마셔!

2. Niech 명령형

존대의 명령형으로 의미상으로는 2인칭 상대에게 말하는 것이지만 문장 상에서는 존칭어 pan, pani, panowie, panie, państwo을 사용하여 3인칭으로 표현한다. 단수와 복수 모두 표현 가능하다.

np.) Niech pan mówi o tym. (당신, 남자사람단수)이것에 대해 말해 주세요.
Niech państwo mówią o tym. (여러분)이것에 대해 말해 주세요.

3. Prosić 명령형

일상에서 가장 쉽게, 일반적으로 사용할 수 있는 명령형이다. 'proszę + 동사원형'으로 표현한다. 영어에서 please를 쓰는 것과 동일하다고 생각하면 된다.

np.) Proszę iść do kina ze mną. 나와 함께 극장에 가주세요.

II. 형태

1. 기본 명령형

1인칭 단수 명령형은 존재하지 않으며, 2인칭 단수 그리고 1인칭과 2인칭 복수 명령형만 존재한다. 복수 명령형은 2인칭 단수 명령형에 어미 -my, -cie를 덧붙이면 된다. 기본 명령형은 동사의 활용 형태에 따라 크게 3가지로 나뉜다.

1) - ę, - esz형과 - ę, - isz / - ysz형

동사의 현재 변화가 -ę, -esz 또는 -ę, -isz / -ysz인 경우는 3인칭 단수 어간이 명령형이 된다. 1인칭 복수와 2인칭 복수 명령은 동사의 현재 3인칭 단수 어간에 각각 어미 -my와 -cie만 덧붙이면 된다.

◈ 규칙 활용 동사

현재형 3인칭 단수 어간

	pisać: pisz-ę, pisz-esz, pisz-e	mówić: mówi-ę, mów-isz, mów-i
2인칭 단수 명령	pisz! (너) 써라!	mów! (너) 말해!
1인칭 복수 명령	pisz-my! (우리) 쓰자!	mów-my! (우리) 말하자!
2인칭 복수 명령	pisz-cie! (너희들) 써라!	mów-cie! (너희들) 말해라!

음운 변화가 일어나는 몇 가지 유형은 반드시 알아두도록 하자.

o : ó 변화 - robić: rob-i → rób!, pomóc: pomoż-e → pomóż!
tworzyć: tworz-y → twórz!, stać: sto-i → stój!

◈ 동사현재활용이 연음인 경우

현재형 3인칭 단수 어간
(명령형도 연음으로)
np) jedzi-e → jedź

	jechać: jadę, jedziesz, jedzi-e	chodzić: chodzę, chodzisz, chodzi
2인칭 단수 명령	jedź! (너) 가라!	chodź!
1인칭 복수 명령	jedź-my! (우리) 가자!	chodź-my!
2인칭 복수 명령	jedź-cie! (너희들) 가라!	chodź-cie!

◈ 동사 어간이 자음군 -n-로 끝나는 동사들(zapomnieć, ciągnąć, dźwignąć 등)과 현재형 어간이 단음절이면서 자음군인 경우(rwać, trzeć, ciąć, dać 등)

현재형 3인칭 단수 어간 + - ij / - yj

zapomnieć (잊다) → zapomnij! / zapomnijmy / zapomnijcie / niech zapomni / niech zapomną

ciągnąć (당기다) → ciągnij! / ciągnijmy / ciągnijcie / niech ciągnie / niech ciągną

ciąć (자르다) → tnij! / tnijmy / tnijcie / niech tnie / niech tną

trzeć (갈다) → trzyj! / trzyjmy / trzyjcie / niech trze / niech trą

① ciąć의 동사변화

tnę, tniesz, tnie, tniemy, tniecie, tną

② być의 명령형 - Bądź!

Bądź zdrów! 건강해라!

wziąć의 명령형 - Weź!

◆ 다음 동사들은 동사 원형의 -ć를 뺀 어간에 - j를 덧붙여 명령형을 만든다. chcieć, dać, dawać, mieć, stawać, -znawać(poznawać, uznawać, przyznawać 등)

동사 원형 어간 + - j

chcie / ć 원하다	→ chciej!	mie / ć 가지다	→ miej!
da / ć 주다	→ daj!	stawa / ć 일어서다	→ stawaj!
dawa / ć 주다	→ dawaj!	uznawa / ć 인정하다	→ uznawaj!

2) **- am, - asz형 동사**

동사의 현재형이 -am, -asz로 변화되는 경우는 현재형 3인칭 복수 어간이 2인칭 단수 명령형이 된다. 단수가 아니라 복수의 어간!

현재형 3인칭 복수 어간

czytać: czytaj-ą → czytaj! 읽어라!

czekać: czekaj-ą → czekaj! 기다려라!

3) **- em, - esz형 동사**

-em, -esz로 변화는 동사는 그리 많지 않다. 그러나 자주 사용되는 몇몇 동사가 이 변화형에 따라 활용이 일어난다. -am, -asz형 동사와 마찬가지로 현재형 3인칭 복수의 어간을 사용한다.

현재형 3인칭 복수 어간

umieć umiej-ą → umiej! jeść jedz-ą → jedz!
wiedzieć wiedz-ą → wiedz! 하지만 ☞ zrozumieć zrozum-ieją → zrozum!

2. Niech 명령형

폴란드어는 3인칭 명령형이 존재한다. 하지만 형태가 3인칭이라고 제 삼자에게 명령하는 것이 아니라 2인칭의 대상을 존대해야 할 경우에 사용한다. 그러므로 3인칭 명령형은 '~해라'의 의미가 아니라 '-하십시오'의 뜻으로 정중하게 요청하는 명령형이다.

Niech + 현재 시제 3인칭 단수, 복수 활용

단수 명령 : Niech pan to zrobi. (남자단수)이것을 해 주세요!
Niech pani mówi! (여성단수)말씀해 주세요!
복수 명령 : Niech państwo to zrobią! 여러분, 이것을 해 주세요!
Niech panie mówią! 여러분(여성복수), 말씀해 주세요.

3. Prosić 명령형

다른 명령형에 비해 만드는 방법이 쉽기 때문에 일상에서 많이 사용되는 명령형이다. '~주십시오, 주세요.'의 의미로 존대를 포함하고 있다.

Prosić 활용형 + 동사 원형

Proszę podać mi cukier! 설탕을 제게 건네주세요.
Proszę wejść! 들어오세요.
Proszę usiąść! 앉으세요.

명령하고자 하는 동작 동사를 기본 명령형으로 만들고 그 뒤에 proszę을 붙여 사용하기도 한다. 이처럼 어순을 바꿔 쓸 때는 동사원형이 아닌 동사를 기본 명령형을 바꾸고 그 뒤에 proszę을 붙인다.

Usiądźcie, proszę. (너희들) 앉으세요!

III. 구문활용

폴란드어에서는 불완료형과 완료형 동사 모두 명령형으로 사용될 수 있다.

1. 완료형 동사의 명령법 – 보통 한 번 일어나는, 이미 완료된 동작에 쓰이며, 완료가 예상되는 동작, 초청 또는 제안을 나타낼 때 쓰인다.

Przeczytaj tę książkę! 그 책을 다 읽어라!
Odwiedźcie nas wkrótce. (너희들) 조만간 우리집에 와!

2. 불완료형 동사의 명령법 - 앞서 행하고 있는 동작을 지속적으로 하거나 반복적으로 행해야 할 행동에 대한 요구나 명령을 나타낼 때 사용한다.

Zamykaj drzwi za sobą! (“zawsze”) 문을 꼭 닫아라! (항상~!)
Ucz się czytać! 읽는 것을 배워라!
Czytaj codziennie książki. 매일 책들을 읽어라!
Czytaj dalej! 계속 읽어라!

3. 부정 명령법

부정 명령에는 불완료 동사를 사용하는 것을 기본으로 한다. 하지만 완료형 동사도 사용 가능하다.

1) **불완료형 동사** - 금지의 의미를 나타내는 부정 명령문에서는 불완료형 동사를 사용한다.

Nie mów mi, co mam robić! 내가 무엇을 해야 할지 내게 말하지 마라!
Nie denerwuj mnie! 날 화나게 하지 마라!
Nie jedz tego. 이거 먹지 마!

2) **완료형 동사** - 명령 또는 경고의 의미

Nie zgub pieniędzy! 돈을 잃어버리지 마라!
Nie zapomnij zapłacić czynszu! 세금내는 것을 잊지 마라!

함께 풀어봅시다.

문제 1 두 개의 동사 중 알맞은 동사를 선택하여 명령문을 완성하시오.

np.) (Przykrywać się, przykryć się) kocem.
→ Przykryj się kocem.

1. (kroić, pokroić) .... chleb codziennie na kolację!

2. (pomagać, pomóc) .... przetłumaczyć ten tekst!

3. Nie (wysłać, wysyłać) .... tego listu do mojej matki!

4. (zdjąć, zdejmować) .... sweter i spodnie!

5. (uszyć, szyć) .... mi bluzkę!

6. Nie (palić, zapalić) .... papierosów!

7. (kupić, kupować) .... mi to czasopismo!

8. Nie (wyjeżdżać, wyjechać) .... w niedzielę.

9. Nie (wyjąć, wyjmować) .... rąk z kieszeni!

10. (sprzedać, sprzedawać) .... mi ten magazyn co tydzień!

11. (przyjechać, przyjeżdżać) .... do nas na wakacje!

12. (zaprosić, zapraszać) .... twoich rodziców!

13. Nie (wieszać, powiesić) .... tutaj marynarki!

14. (znaleźć, znajdować) .... jego adres w książce adresowej!

15. (wrócić, wracać) .... dzisiaj później!

문제 2 Prosić 명령형을 Niech 명령형과 기본 명령형으로 바꾸시오.

np.) Proszę to zrobić! (pani)
→ Niech pani to zrobi!
→ Zrób to!

1. Proszę otworzyć drzwi! (pan)

2. Proszę zamknąć okno! (pani)

3. Proszę powtórzyć głośno! (państwo)

4. Proszę pisać receptę! (pani)

5. Proszę się rozebrać! (pani)

6. Proszę podać mi sól! (pan)

7. Proszę wejść! (panowie)

8. Proszę zdjąć płaszcze! (panie)

9. Proszę ją o to zapytać! (panie)

10. Proszę odpowiedzieć na pytanie! (panowie)

11. Proszę usiąść. (państwo)

12. Proszę patrzeć na tablicę! (państwo)

13. Proszę uważać! (panowie)

14. Proszę zaświecić światło! (pani)

15. Proszę wyłączyć telewizor! (pani)

문제 3 평서문을 긍정과 부정의 명령문으로 바꾸시오.

np.) Przed obiadem zjesz jabłka.
→ Zjedz jabłka przed obiadem.
→ Nie jedz jabłek przed obiadem.

1. Otworzymy okno.

2. Nauczysz się nowej lekcji.

3. Zatrzymasz się przed tym budynkiem.

4. Zabierzesz to z tej sali.

5. Zamówisz bilety do kina.

6. Podasz mi te notatki.

7. Zawołasz Marię.

8. Kupisz bułki

9. Przeczytasz cały tekst na głos.

10. Porozmawiasz z nimi.

11. Zaprosicie nas do siebie.

12. Rozbierzemy się.

13. Umówisz się na randkę.

14. Zapiszecie ten numer.

15. Przygotujesz obiad.

문제 4 부정 명령문을 긍정 명령문으로 바꾸시오.

np.) Nie zapraszaj ich na obiad!
→ Zaproś ich na obiad!
Niech państwo nie robią zakupów.
→ Niech państwo zrobią zakupy.

1. Nie czytajcie tej pracy!

2. Nie pij tego soku pomarańczowego!

3. Nie kładź lusterka na stole!

4. Nie kupujcie tej książki!

5. Niech państwo nie piszą podania o pracę

6. Niech pani nie gotuje zupy ogórkowej!

7. Niech pan nie myje samochodu Jurka!

8. Niech panowie nie powtarzają gramatyki!

9. Nie pokazujmy mu tej drogi!

10. Nie wkładaj jasnego garnitura!

문제 5

Agnieszka mówi do swoich przyjaciół: mam pomysł, (1) .... (wziąć) jutro rowery, (2).......................... (jechać) nad jezioro, (3) .... (zjeść) kanapki, (4) .... (wypić) kawę, (5) .... (porozmawiać), (6) .... (wrócić) po południu koło czwartej, (7) .... (chodzić) wieczorem do kina, (8) .... (obejrzeć) interesujący film, potem (9) .... (pospacerować) po parku, (10) .... (spotkać się) z Marysią.

04 가정법
Tryb przypuszczający / warunkowy

가정법은 어떤 사실을 그대로 표현하는 직설법과 달리 반대의 사실 또는 불확실한 상황이나 희망을 가정하는 표현이다.

I. 형태

동사 과거 3인칭 단수, 복수 어간 + 가정법 어미

czytać		남 성	여 성	중 성	가정법 어미
단수	1	czytał-bym	czytała-bym		-(by)m
	2	czytał-byś	czytała-byś		-(by)ś
	3	czytał-by	czytała-by	czytało-by	-(by)∅
		남자	그 나머지(비남자) (남성생물, 남성무생물, 여성, 중성)		
복수	1	czytali-byśmy	czytały-byśmy		-(by)śmy
	2	czytali-byście	czytały-byście		-(by)ście
	3	czytali-by	czytały-by		-(by)∅

1. 일어날 수 있는 가정 또는 추측 등의 행위를 나타낸다.

np.) Mógłbym ci kupić samochód. (나는 네게 차를 사줄 수 있을거야.)

Ja zrobiłbym to szybciej niż ty. (내가 너보다 그것을 더 빨리 할 수 있을거야.)

2. 희망, 소망, 요구, 의문 또는 명령을 표현하기 위한 가정법 표현이다.

np.) Chciałbym iść do kina. (나는 영화관에 가고 싶습니다.)
Czy mógłbym przyjść jutro? (내가 내일 올 수 있을까요?)
Zrobiłbyś to na piątek? (네가 그것을 금요일까지 할 수 있을까?)
Zastanowiłbyś się nad tym. (너는 그것에 대해서 결정을 해야 할거야.)

3. 가정 / 조건의 종속절을 갖는 복문으로 표현할 때,

주절	종속절
동사 과거 3인칭 단, 복수 + 가정법어미 ~	gdyby + 인칭어미 + 동사 과거 3인칭 단, 복수

np.) Kupiłabym nowy telewizor, gdybym miała pieniądze.
(Kupiłabym: 주절 동사의 가정형 / gdybym: 접속사 gdyby +-인칭어미 / miała: 종속절 동사의 과거활용)
내가 돈이 있다면 새 텔레비전을 살텐데...

★ 하나 더!
Gdybym miała pieniądze, kupiłabym nowy telewizor.
주절과 종속절의 순서는 바꿔서 사용하기도 한다.

II. 의미

가정법 문장은 두 가지 즉, 미래에 실현 가능한 행위에 대한 가정과 과거에 실현되지 못한 사실에 대한 가정의 의미로 해석될 수 있다. 일반적으로 함께 쓰인 시간부사구를 통해 미래에 대한 가능성인지 과거의 비실현 사실인지를 구분할 수 있다.

1. 미래의 실현 가능한 행위(warunek możliwy)

가능성을 나타내며, 미래에 실현 가능한 행위에 대한 내용이다. 아래 예문과 같이 미래

시제의 평서문과 동일한 의미로 해석된다.

np.) Wyjechałbym do Paryża jutro, gdybym miał pieniądze.
(내가 만약 돈이 있다면 내일 파리에 갈 수 있을텐데......)
(가능성의 표현으로 '내가 돈이 있으면 파리에 갈 수 있다'라는 의미죠.)
= Jest możliwe, że będę miał pieniądze i wyjadę do Paryża.

2. 과거의 이루지 못한 사실이나 행위(warunek nierealny)

과거 상황에서 이루지 못한 사실이나 행위를 기술하는 것이다. 종속절의 조건이 만족되었다면 주절의 행위가 이루어졌을 것이지만 종속절의 조건이 만족되지 않았기 때문에 주절의 행위가 결과적으로 이루어지지 않았다는 것을 표현한다. 평서문으로 바꿀 때는 가정법 문장의 동사들을 부정하면 된다.

np.) Dwa lata temu wyjechałbym do Paryża, gdybym miał pieniądze.
(내가 만약 돈이 있었다면 2 년 전에 파리에 갈 수 있었을텐데......)
= Ale nie miałem pieniędzy i nie wyjechałem do Paryża.
→ 하지만 나는 돈이 없어서 파리에 가지 못했다.

III. 구문활용

가정법구문에서 주절과 종속절에는 다양한 형태의 문장이 올 수 있다. 하나하나 예를 보면서 살펴보자.

1. 주절에 미래시제의 평서문, 명령문, 가정법구문이 온 경우, 종속절은 가정법구문이 온다.

np.) ① (ja) Gdybym zachorował/zachorowała, (to) koleżanka mnie zastąpi.
(만약에 내가 아프다면, 친구가 나를 대신할 수 있을 것이다.)
= koleżanka mnie zastąpi, gdybym zachorował/zachorowała.

② Gdybyście wcześniej wrócili/wróciły, zadzwońcie do mnie.
(만약 너희들이 더 일찍 도착하면, 내게 전화해라.)
= Zadzwońcie do mnie, gdybyście wcześniej wrócili/wróciły.

③ Gdyby Andrzej miał pieniądze, kupiłby telewizor.
(만약 안드제이가 돈이 있다면, 텔레비전을 살 것이다.)
= Kupiłby telewizor, gdyby Andrzej miał pieniądze.
→ Jest możliwe, że Andrzej będzie miał pieniądze i kupi telewizor.

2. 종속절에 동사 원형이 올 경우 주절에는 미래시제의 평서문이나 가정법 구문이 올 수 있고, 종속절에 -no, -ono, -to의 무인칭구문의 형태가 오면 주절은 가정법구문의 형태가 올 수 있다.

np.) ① Gdyby dodać trochę pieprzu, (to) zupa będzie/byłaby jeszcze lepsza.
동사원형
(만약 후추를 조금 더 친다면 스프가 더 맛있을 거야.)
② Gdyby dodano trochę pieprzu, (to) zupa byłaby jeszcze lepsza.
무인칭형

3. 접속사 gdyby 대신 jeśliby, jeżeliby, jakby도 쓸 수 있다. 그리고 가정법 어미인 -by에, -m, -ś, -śmy, -ście 등의 과거시제 인칭어미형 접사를 덧붙인 bym, byś, by, byśmy, byście 등의 형태소는 여기저기 움직일 수가 있다. 반드시 동사에 붙어 있어야 하는 것은 아니다. 다음 장 유동성 어미에서 자세히 보도록 하자.

np.) Jeśliby Paweł kupił wtedy mieszkanie, dziś nie miałby kłopotów.
(만약 파베우가 그때 아파트를 샀더라면, 지금 문제가 없을텐데......)
= Jeśli Paweł by kupił wtedy mieszkanie, dziś nie miałby kłopotów.
= Jeśli Paweł kupiłby wtedy mieszkanie, dziś nie miałby kłopotów.

함께 풀어봅시다.

문제 1 괄호 안의 동사를 사용하여 다음 문장을 예와 같이 완성하세요.

np.) Gdybym miał czas, poszedłbym do teatru. (pójść)

1. Gdyby w sobotę było ładnie, ... z domu. (ja, wyjechać)

2. Gdyby miał pieniądze, ... ten budynek. (kupić)

3. Gdyby była lekarką, dobrze .... pacjentów (leczyć)

4. Gdybyśmy zostali w domu, ... film polski. (oglądać)

5. Gdyby mu lektor dobrze wytłumaczył, dokładnie to .... (zrozumieć)

6. Gdybyście wyszli wcześniej, ... na ostatni pociąg. (zdążyć)

7. Gdybyś dobrze znał język polski, ... powieść Zeromskiego. (czytać)

8. Gdybyś wiedziała, że pojedziemy, ... na nas. (poczekać)

9. Gdybyście się nauczyły, ... pisać alfabet rosyjski (umieć)

10. Gdybyś zapytał mnie o to, ... dokładnie. (wiedzieć)

11. Gdybyś przyszedł, ... jego nową książkę. (dostać)

12. Gdybyś umiała szyć, ... swoją sukienkę. (uszyć)

13. Gdybyś lubił podróżować, ... do Afryki. (pojechać)

14. Gdybym pojechał do Gdańska, ... o tym. (opowiedzieć)

15. Gdybyś przyjechała do Krakowa, ... muzeum narodowe. (zwiedzić)

16. Gdybyś chciała, ... to. (zrobić)

17. Gdybyś wyjechał, ... za rodziną. (tęsknić)

18. Gdybyście umiały, ... ciasteczka. (upiec)

19. Gdyby wiedzieli o tej książce, ... od razu. (kupić)

20. Gdybyśmy pojechali do Warszawy, ... ten okropny budynek. (zobaczyć)

문제 2 아래 문장들을 예와 같이 변형시키세요.

np.) Przyjdę do ciebie, jeśli(jeżeli) będę miał czas.
→ Gdybym miał czas, przyszedłbym do ciebie.

1. Wyjedzie na wakacje, jeżeli rodzice puszczą go sam.

2. Powiem panu o tym, jeżeli będę wiedział.

3. Dzisiaj kupię ci mundurek szkolny, jeżeli będzie twój rozmiar.

4. Zaprowadzę państwa do „Jamy Michalika", jeżeli będą chcieli.

5. Zadzwonię do ciebie, jeżeli wrócę później.

6. Przyjadą do ciebie, jeżeli ich zaprosisz na urodziny.

7. Przeczytają ten artykuł prasowy, jeżeli ktoś im przetłumaczy.

8. Zmienisz zdanie, jeśli się przekonasz.

9. Z przyjemnością pójdę z wami na koncert, jeśli kupicie bilety.

10. Pojedziemy do Czech, jeżeli kupię nowy samochód.

11. Wypiję piwo czarne, jeżeli będzie zimno.

12. Napiszę do niej, jeśli mi odpisze.

13. Pójdziemy na ten film, jeżeli będą go u nas wyświetlać.

14. Zaśpiewam tę piosenkę, jeśli mi będziesz akompaniował.

15. Zrobię ci herbatę, jeżeli przyniesiesz ciastka.

문제 3 다음을 가정법구문으로 바꾸시오.

np.) Kupiłabym tę bluzkę, ale jest za droga. (ja/f, kupić)

1. .... coś zimnego, ale w lodówce nic nie ma.(ja/m, zjeść)

2. .... na spacer, ale jest za gorąco.(ja/f, pójść)

3. .... ci chętnie, ale nie wiem jak.(ja/m, pomóc)

4. .... piwa, ale już nie mamy czasu.(my/m, napić się)

5. Czy .... podać mi pieprz?(ty/m, móc)

6. Czy .... rozmawiać trochę ciszej?(państwo, móc)

7. .... nad morzem, ale teraz jest zimno.(ja/m, pojechać)

8. .... ci te spodnie, ale to prezent od mojego chłopaka.(ja/f, dać)

05 분사 I - 부사적 분사
Imiesłowy przysłówkowe

분사는 동사의 활용 형태 중 하나로 문장 내에서 명사를 꾸며주는 형용사적 역할을 하거나 두 가지 사건이 동시에 일어나는 부대 상황이나 사건이 시간차를 두고 순차적으로 일어남을 표현하는 부사적 역할을 한다.

폴란드어의 분사는 크게 부사적 분사와 형용사적 분사로 나눌 수 있고 부사적 분사는 다시 현재 분사와 과거 분사로, 형용사적 분사는 능동 분사와 수동 분사로 나눌 수 있다.

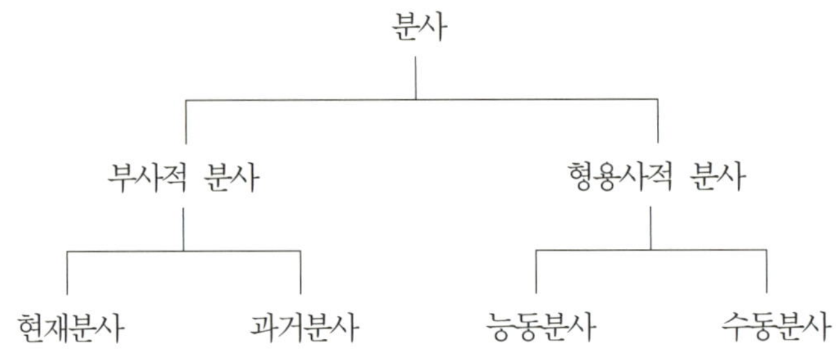

이번 강에서는 먼저 부사적 분사에 대해 살펴보자.

부사적 분사 (Imiesłowy przysłówkowe)는 동사에서 만들어진 부사로 이름에 나타나듯이 성, 수, 격 변화를 하지 않는다. 두 가지의 부사적 분사 중 현재 분사는 두 사건이 동시에 일어남(동시동작)을 말하며, 과거 분사는 분사로 표현된 동사적 행위가 먼저 일어나고 뒤따르는 문장의 동사적 행위가 나중에 일어남(순차동작)을 의미한다.

I. 현재분사 (Imiesłów przysłówkowy współczesny)

1. 형태

불완료형 동사의 3인칭 복수 현재형 어간 + -ąc

동사원형	현재 3인칭	현재 분사
pisać (쓰다)	pisz-ą	pisz-ąc
czytać (읽다)	czytaj-ą	czytaj-ąc
uczyć się (배우다)	ucz-ą się	ucz-ąc się
mówić (말하다)	mówi-ą	mówi-ąc
pracować (일하다)	pracuj-ą	pracuj-ąc
iść (가다)	id-ą	id-ąc
znać (알다)	znaj-ą	znaj-ąc
mieć (가지다)	maj-ą	maj-ąc
czekać (기다리다)	czeka-ą	czekaj-ąc
widzieć (보다)	widz-ą	widz-ąc
umieć (할 수 있다)	umiej-ą	umiej-ąc
jeść (먹다)	jedz-ą	jedz-ąc
wracać (돌아오다)	wracaj-ą	wracaj-ąc

2. 기능

한 행위자가 두 가지의 행위나 동작을 동시에 행할 때 사용한다. 동시 동작의 의미인 현재 분사를 나타내는 동사는 반드시 불완료동사만 쓸 수 있다.

np.) ① Czytając czasopismo leżałem w łóżku.
(나는 잡지를 읽으면서 침대에 누웠다.)

② Wracając do domu kupiłem ogórki
(나는 집으로 돌아오는 길에(돌아오면서) 오이들을 샀다.)

3. 구문활용

현재분사구문은 한 행위자가 두 가지 동작을 동시에 하는 것을 말한다. 다시 말해서 선행문과 후행문의 주어가 같아야 한다. 이러한 현재분사구문은 kiedy, gdy, jak 등과 같은 접속사를 사용하여 종속절로 바꾸거나, i 등을 사용하여 대등한 복문으로 바꿀 수 있다.

np.) ① Wracając do domu, kupiłem ciastka.

→ Kiedy wracałem do domu, kupiłem ciastka.

(나는 집에 돌아오면서 쿠키들을 샀다.)

② Czytając gazetę, leżałem w łóżku.

→ Czytałem gazetę i leżałem w łóżku.

(나는 신문을 읽으면서 침대에 누워 있었다.)

접속사 kiedy를 사용하여 만들어진 구문은 완료동사와 불완료동사를 모두 사용할 수 있다. 그렇다고 둘 다 현재분사구문으로 바꿀 수 있는 것은 아니다. kiedy + 불완료형 동사 구문은 현재분사구문으로 변형이 가능하다. kiedy + 완료형 동사 구문은 과거분사구문으로 바꿀 수 있다.

II. 과거분사 (Imiesłów przysłówkowy uprzedni)

과거분사는 한 행위자가 두 가지 동작을 시간차를 두고 행하는 것을 말한다. 과거분사로 표현된 동작이 선행 동작이며, 나머지 한 동작이 후행 동작이 된다. "~ 한 후"로 해석될 수 있다.

1. 형태

완료동사의 3인칭 단수 남성 과거형 어간 + 과거분사 어미(-wszy/-łszy)

1) 어간이 모음으로 끝난 경우 + -wszy

동사원형	3인칭단수남성과거	과거분사
napisać (쓰다)	napisa-ł	napisa-wszy
zobaczyć (보다)	zobaczy-ł	zobaczy-wszy
zrobić (하다)	zrobi-ł	zrobi-wszy
przeczytać (읽다)	przeczyta-ł	przeczyta-wszy
wrócić (돌아가다)	wróci-ł	wróci-wszy

2) 어간이 자음으로 끝난 경우 + -łszy

동사원형	3인칭단수남성과거	과거분사
pójść (가다)	poszed-ł	poszed-łszy
przynieść (가져오다)	przyniós-ł	przyniós-łszy
zjeść (먹다)	zjad-ł	zjad-łszy
wytrzeć (닦다)	wytar-ł	wytar-łszy
wychudnąć (점점 야위다)	wychud-ł	wychud-łszy

2. 기능

한 행위자의 두 가지의 행위나 동작 중 먼저 일어난 것을 과거분사형태로 나타낸다. 현재분사구문과 달리 과거분사구문은 완료형 동사만 사용 가능하다. 현재분사구문의 경우는 동시동작이기 때문에 두 동사 중 어느 것을 분사구문으로 바꾸더라도 내용상에 큰 무리는 없다. 하지만 과거분사구문에서는 사건의 순서가 뒤바뀌기 때문에 의미가 완전히 달라질 수 있다.

np.) ① Przeczytawszy książkę poszedł spać.

(그는 책을 읽고 나서/읽은 후 자러 갔다.)

② Zdawszy egzamin napisałem list do rodziców.

(나는 시험에 통과하고 나서/통과한 후 부모님께 편지를 썼다.)

3. 구문활용

과거분사구문도 역시 kiedy, gdy, jak 등과 같은 접속사를 사용하여 종속절을 갖는 복문으로 바꾸거나 '~후에' 라는 의미를 지닌 [Po + 명사(장소격)]의 전치사구를 갖는 단문으로 바꿀 수도 있다. 이때 전치사 다음에 오는 명사는 동사에서 파생된 명사로 과거분사인 완료형 동사의 명사형이다. 제 12강의 동사파생명사를 통해 동사의 명사형을 익혀 두자.

np.) Przeczytawszy książkę poszedł spać.

(그는 책을 읽은 후에 잠자러 갔다.)

→ Gdy przeczytał książkę, poszedł spać.

→ Po przeczytaniu książki poszedł spać.

함께 풀어봅시다.

문제 1 다음 복문을 분사구문으로 바꾸시오.

np.) Siedział w domu i narzekał na pogodę.
→ Siedząc w domu narzekał na pogodę.

1. Czytałem czasopismo i słuchałem równocześnie muzyki.

2. Zmieniałem adres i nie powiadomiłem o tym nikogo.

3. Słuchał ich zwierzeń i starał się je zrozumieć.

4. Leżałem na plaży i czytałem gazetę.

5. Cieszę się z pana sukcesu i życzę panu dalszego powodzenia.

6. Wiedział o moim spóźnieniu i zaczął wykład trochę później.

7. Spacerowały po łące i upajały się zapachem kwiatów.

8. Patrzyłem na zegarek i czekałem na kolegów.

9. Stała przy tobie i milczała.

10. Jedliśmy kolację i rozmawialiśmy.

문제 2 다음 단문을 동일한 의미의 분사구문으로 바꾸시오.

np.) Po pokrojeniu chleba matka zawołała dzieci na śniadanie.
→ Pokroiwszy chleb matka zawołała dzieci na śniadanie.

1. Po przeprowadzeniu się do innego mieszkania zmienili styl życia.

2. Po zaoszczędzeniu pieniędzy zaczął rozglądać się za nowym domem.

3. Po wejściu do sali zaświecił światło.

4. Po przeczytaniu tej gazety, odpowiedział na jej pytania.

5. Po rozejrzaniu się dookoła wyszła z sali.

6. Po podpisaniu tego dokumentu wrócił do domu.

7. Po zapytaniu głośno czekał na odpowiedź kolegów.

8. Po przyniesieniu dobrego wina poprosił gości do środka.

9. Po przeczekaniu deszczu zszedł dalej z góry.

10. Po nauczeniu drugiej lekcji do końca profesor wyszedł z tej sali.

문제 3 다음 문장을 현재분사 또는 과거분사구문으로 바꾸시오.

1. Kiedy przeczytał książkę napisaną przez specjalistów, wyrwał resztki włosów z głowy.
2. Kiedy zdał egzamin, wyrzucił wszystkie notatki.
3. Jem obiad i myślę już o kolacji.
4. Kiedy mam katar, nie palę papierosów.
5. Kiedy oglądałem filmy o wojnie, rozmawiałem z moją babcią.
6. Kiedy przyniósł wszystkie walizki, przypomniał sobie, że nie zabrał najważniejszej.
7. Zrobiłem zakupy na kolację i udałem się do baru na obiad.
8. Kiedy weszli do domu, zaraz zaczęli się kłócić.
9. Kiedy szliśmy przez rynek, zauważyliśmy wielkie zmiany w zachowaniu ludzi.
10. Nie miał żadnego zajęcia, więc poszedł spać.

06 분사 II - 형용사적 분사
Imiesłowy przymiotnikowe

동사에서 만들어진 형용사로 명사의 앞, 뒤에서 형용사처럼 명사를 한정하는 역할을 하며, 형용사와 마찬가지로 성, 수, 격변화를 합니다. 형용사적 분사는 수식을 받는 대상이 주체로 직접 행위를 하는 능동분사와 수식을 받는 대상이 행위의 주체가 아닌 대상이 되어 행위의 영향을 받는 수동분사로 나뉜다.

I. 능동 분사 (Imiesłów przymiotnikowy czynny)

1. 형태

불완료동사의 3인칭 복수 현재 어간 + -ący, -ąca, -ące, -ący, -ące

동사 원형	3인칭 복수 현재형 어간	단 수			복 수	
		남 성	여 성	중 성	남성 사람	그 나머지
czytać	czytaj-ą	czytaj-ący	czytaj-ąca	czytaj-ące	czytaj-ący	czytaj-ące
pisać	pisz-ą	pisz-ący	pisz-ąca	pisz-ące	pisz-ący	pisz-ące
mówić	mówi-ą	mówi-ący	mówi-ąca	mówi-ące	mówi-ący	mówi-ące
pracować	pracuj-ą	pracuj-ący	pracuj-ąca	pracuj-ące	pracuj-ący	pracuj-ące
iść	id-ą	id-ący	id-ąca	id-ące	id-ący	id-ące
znać	znaj-ą	znaj-ący	znaj-ąca	znaj-ące	znaj-ący	znaj-ące

2. 기능

형용사적 능동분사는 명사를 수식하는 기능으로, 피수식어인 사람 또는 물체가 직접 행하는 동작을 나타낸다. '~고 있는', '~하는' 등으로 주로 해석된다. 능동분사는 관계 대명사 'który' 절로 바꿀 수 있고, 관계 대명사 앞의 명사가 선행사이면서 종속절의 수식을 받는 피수식어이다.

np.) dziewczyna, która czyta - czytająca dziewczyna (읽고 있는 소녀)
koń, który stoi - stojący koń (서 있는 말)
pociąg, który jedzie - jadący pociąg (가는 기차)

3. 구문활용

능동분사구를 관계대명사 - który, która, które, którzy, które가 이끄는 종속절로 바꿀 수 있다. 거꾸로 'który ~' 관계절을 능동분사구문으로 변형 가능하므로 익혀 두도록 하자!

np.) ① Dziewczyna kupująca książkę popatrzyła na mnie.
(책을 사는 소녀는 나를 쳐다보았다.)
→ Dziewczyna, która kupowała książkę, popatrzyła na mnie.

② Znam wielu ludzi interesujących się malarstwem.
(나는 미술에 관심이 있는 많은 사람들을 안다.)
→ Znam wielu ludzi, którzy interesują się malarstwem.

③ Pociąg jadący do Warszawy nie zatrzymuje się nigdzie.
(바르샤바로 가는 기차는 어느 곳에서도 멈추지 않는다.)
→ Pociąg, który jedzie do Warszawy, nie zatrzymuje się nigdzie.

④ Rozmawiałem z kolegami czekającymi na autobus.
(나는 버스를 기다리고 있는 친구들과 대화를 나누었다.)
→ Rozmawiałem z kolegami, którzy czekają na autobus.

관계대명사는 형용사처럼 변화한다. 성과 수는 선행사를 따르며, 격은 선행사가 관계대명사절에서 어떤 역할을 하는지에 따라 달라진다.

II. 수동 분사 (Imiesłów przymiotnikowy bierny)

1. 형태

상(aspekt)과는 상관없이 타동사이면 수동분사 형태가 가능합니다. 주로 '~어진', '~ 된' 등으로 해석될 수 있다.

동사원형의 어간 + 수동분사 어미 -ny, -ony, -ty

1) -ny: 동사원형의 어간이 -a, -e로 끝나는 경우;

pisa-ć	:	pisa-ny	쓰여진	
wybra-ć	:	wybra-ny	선택된	
czyta-ć	:	czyta-ny	읽혀진	
milcze-ć	:	milcza-ny	조용해진	
myśle-ć	:	myśla-ny	생각된	*e : a*
słysze-ć	:	słysza-ny	들린	

2) -ony: 동사원형의 어간이 -i/-y로 또는 동사원형이 -ść, -źć, -c로 끝날 때,

płaci-ć	:	płac-ony	지불된	*ci : c*
prosi-ć	:	prosz-ony	부탁된	*s : sz*
kończy-ć	:	kończ-ony	끝난	
liczy-ć	:	licz-ony	계산된	
nieść (niosę)	:	niesi-ony	가져온	*s : si*
okraść (okradnę)	:	okradzi-ony	훔친	*d : dzi*
wieźć (wiozę)	:	wiezi-ony	옮겨진	*z : zi*
piec (piekę)	:	piecz-ony	구워진	*k : cz*

3) -ty: **현재활용에서 -j-가 삽입되거나 동사원형의 어간이 모음 또는 자음 군인 경우,**

pić (piję)	pi-ty	마신	
myć (myję)	my-ty	씻겨진	
szyć (szyję)	szy-ty	꿰매진	
zaczą-ć	zaczę-ty	시작된	
dą-ć	dę-ty	불린	
zamkną-ć	zamknię-ty	닫힌	(*ną* : *nię*)

3인칭 단수 과거형 어간을 취하는 것도 있다.

trzeć (trę / tarł)	tar-ty	갈린, 빻아진
drzeć (drę / darł)	dar-ty	찢긴
otworzyć (otworzę / otwarł)	otwar-ty	열린

2. 기능

형용사적 수동 분사는 형용사처럼 명사의 앞이나 뒤에서 명사를 수식하는 기능을 한다.

np.) Nagrodzony film nie podobał mi się.

(나는 상을 받은 영화가 마음에 들지 않았다.)

Umyty samochód błyszczał w słońcu.

(세차된 차는 햇빛에서 반짝였다.)

3. 구문활용

수동분사는 수동태구문에서 조동사와 결합하여 술어적 역할을 하며, 또한 수동형의 관계 대명사절로 바꿀 수 있다. 이때 선행사가 전체 문장에서 문장 성분이 어떻게 되는지 반드시 확인해야 한다.

1) 수동태 구문

Ten film został nagrodzony. (이 영화는 상을 받았다/ 수상되어졌다.)

Samochód został umyty. (자동차는 세차되어졌다.)

2) 관계대명사절

Zapłacony rachunek leżał na stole. (지불된 계산서가 탁자에 있다.)

→ Rachunek, który został zapłacony, leżał na stole.

Zaproszony gość spóźnił się. (초대받은 손님이 늦었다.)

→ Gość, który został zaproszony, spóźnił się.

함께 풀어봅시다.

문제 1 예문과 같이 관계대명사절을 형용사적 분사의 형태로 바꾸시오.

np.) dziewczyna, która śpiewa
→ śpiewająca dziewczyna
tekst, który został przepisany
→ przepisany tekst

1. auto, które umyłeś

2. pracownik, który idzie

3. drzwi, które otworzyłeś

4. gęsty las, który płonie

5. historia, którą opowiedziałeś

6. spódnica, którą uszyłeś

7. radio, które gra

8. czysta woda, która się gotuje

9. małe ptaki, które śpiewają

10. drewniana podłoga w kuchni, którą umyłeś

11. zepsuty ząb, który wyrwałeś

12. ta szyba, którą wybiłeś

13. wysoki chłopak, który stoi

14. list od kolegi, który wrzuciłeś

15. świece, które się dopalają

16. biedny człowiek, który tonie

17. śnieg, który marznie

18. wielki samolot, który ląduje

19. piękna kartka na Boże Narodzenie, którą napisałeś

20. samochód Marka, który hamuje.

문제 2 관계대명사절을 형용사적 분사구문으로 바꾸시오.

np.) Znam wielu ludzi, którzy interesują się muzyką.
→ Znam wielu ludzi interesujących się muzyką.

1. Nie lubię dziecka, które ciągle płacze.

2. Spotkałem studentów, którzy podrózują pieszo.

3. Martwisz się córką, która pije alkohol za dużo.

4. Chłopak, który czeka przed domem, jest naszym kolegą.

5. Szeroka rzeka, która wpada do Bałtyku, to Wisła.

6. Widzę psa, który przechodzi przez pasy.

7. To jest człowiek, który umie naprawić radio.

8. Czekam na kolegów, którzy przyjeżdżają z Korei.

9. Chciałbym pożyczyć książki, które zostały oddane do biblioteki.

10. Przy drzwiach siedzi mężczyzna, który ma niebieskie oczy.

07 태 I - 능동태와 수동태
Strony czynne i bierne

I. 능동태 (Strona czynna)

주어가 직접 행위를 하는 것을 의미한다.

np.) Janek myje ręce. (야넥은 손을 씻는다.)

능동태구문은 수동태구문으로 바꿀 수 있다.

II. 수동태 (Strona bierna)

주어가 되는 대상이 행위를 당하는 것을 의미한다. 능동문의 동사가 타동사(czasowniki przechodnie)일 때 수동문으로 변형이 가능하며, 능동문의 목적어가 수동문의 주어가 된다.

np.) Ręce są myte przez Janka. (손은 야넥에 의해서 씻겨졌다.)

1. 형태

능동문의 목적어 (주격) + być + 불완료동사의 형용사적 수동분사 / zostać + 완료동사의 형용사적 수동분사 + przez 능동문의 주어 (목적격)

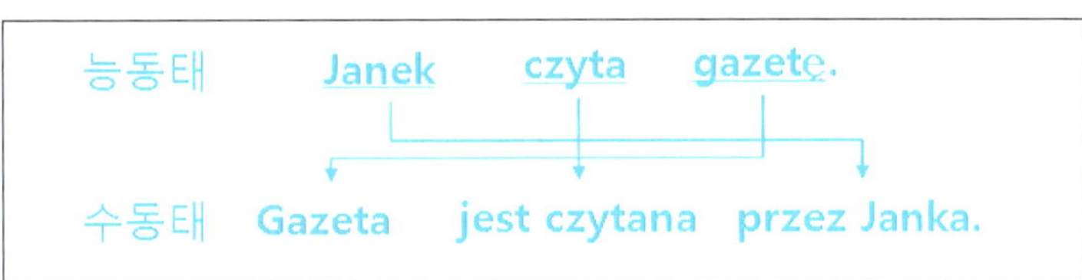

◈ 능동구문을 수동구문으로 차례차례 바꿔보자.

능동문 ⇒ Magda przeczytała tę książkę.
주어 술어 목적어

⇩

1) **주어 바꾸기**: 능동태구문의 목적어를 수동태구문의 주어로 보낸다~!
이 때 성, 수에 주의하여 주격으로!

능동 목적어 tę książkę → 수동문 주어 ta książka (여성, 단수, 주격)

2) **능동태구문의 주어는 przez + 목적격(4격)으로!**

능동태구문 주어 Magda → 수동태구문의 przez Magdę

3) **술어 바꾸기**

① 불완료형 동사인 경우 → być 동사 선택!

czytać → być

② 완료형 동사인 경우 → zostać 동사 선택!

przeczytać → zostać

시제는 반드시 능동문의 시제와 일치시켜야 한다.

③ 수동태구문의 주어와 술어에서 성, 수를 일치!

ta książka została ~
과거 여성

④ 능동문의 동사를 조동사 뒤에 덧붙일 수동 분사도 바꾸고, 수동문의 주어 와 반드시 성, 수를 일치시킬 것!

przeczytać → przeczytana

4) 수동 구문 완성

차례로 바꾼 부분을 정리하면,

⇩

수동문 ⇒ | Ta książka została przeczytana przez Magdę. |
|---|

2. 구문형태

1) być동사의 각 시제(현재, 과거, 미래) + 불완료형 또는 완료형 동사의 수동 분사

Ten list jest / był / będzie pisany. (각 시제에서 진행상의 행위를 의미)

Ten list jest / był / będzie napisany. (결과를 알 수 있는 완료된 행위를 의미)

→ 미래시제에서 불완료형의 수동분사 구문은 불확실한 것을 의미하며, 완료형의 수동분사 구문은 확실한 것을 의미한다. 다시 말해 '이 편지는 확실히 쓰여질 것이다' 라는 의미이다.

2) być동사의 가정법 + 불완료형 또는 완료형 동사의 수동분사

Ten list byłby pisany.

Ten list byłby napisany.

3) **zostać동사의 각 시제(과거, 미래) / 가정법 + 완료형 동사의 수동분사**

Ten list zostanie/został napisany.

Ten list zostałby napisany.

→ zostać 동사는 항상 완료형 동사의 수동분사와 함께 술어를 형성한다.
윗문장과 'Książka jest/była/będzie przeczytana.' 문장과의 의미에서 차이는 없지만 'zostać 동사 + 완료형 동사의 수동분사' 구문이 문체상 한층 더 아름다운 문장이라고 한다.

3. 구문활용

1) **현재나 미래시제의 능동태구문에서 목적어에 수(liczebnik)표현이 포함되어 수동문의 주어로 갈 경우 수동문의 술어는 być 동사의 3인칭 현재나 미래 단수 + 수동 분사의 소유격복수형으로 일치시켜야 한다.**

Nowak codziennie pisze / będzie pisał pięć listów.

노박은 매일 5통의 편지를 쓴다 / 쓸 것이다.

→ Pięć listów jest / będzie pisanych codziennie przez Nowaka.

만약 과거시제인 경우엔 być, zostać 동사의 3인칭 단수 중성 과거 시제 + 수동 분사의 소유격복수형으로 바꾸고 조동사는 중성으로 일치시켜야 한다.

Nowak pisał / napisał codziennie pięć listów.

노박은 매일 5통의 편지를 썼다

→ Pięć listów było / zostało pisanych codziennie przez Nowaka.

2) **지금까지 배운 수동형태 말고도 불완료형 능동 동사에 재귀사 się을 덧붙여 수동태 구문을 만들 수도 있다.**

불완료형 동사의 3인칭 단수 또는 복수형 + się

Ten dom buduje się już dwa lata.
= Ten dom jest budowany już dwa lata.
(이 집은 이미 2년동안 짓고 있다/지어지고 있다.)

Te książki sprzedają się szybko.
= Te książki są sprzedawane szybko.
(이 책들은 빨리 팔리고 있다/팔려지고 있다.)

3) **과거에 이미 끝난 행위를 나타내는 완료형 동사를 사용한 'został napisany' 형태의 수동태구문은 -no, -ono, -to의 무인칭동사구문으로 바꿀 수 있다. (제 11강 무인칭구문 I 참고)**

Ten list został napisany. (편지가 쓰여졌다.)
→ Napisano ten list. ((누군가가) 편지를 썼다.)

함께 풀어봅시다.

문제 1 능동구문을 수동구문으로 바꿔보세요.

np.) Bibliotekarka spisała wszystkie książki.
→ Wszystkie książki zostały spisane przez bibliotekarkę.

1. Często ojciec chwalił swoje dzieci za dobre wyniki w nauce.

2. Matka mnie źle zrozumiała.

3. Podarli wszystkie spódnice.

4. Król Kazmierz Wielki wtedy założył Uniwersytet Jagielloński.

5. Przygotował obiad na godzinę dwunastą.

6. Wypiorę parę spodni.

7. Szymborska otrzymała nagrodę Nobla.

8. Karmili głodne małe psy.

9. Uczniowie podarli wszystkie kartki w zeszycie.

10. Profesor poprawił te teksty na godzinę.

11. Wynieśli już wszystkie meble z tej sali.

12. Położysz to pod choinką.

13. Moja babcia zawsze piecze smaczne ciasto.

14. On przeniósł bagaże do jej pokoju.

15. Przepisze wszystko bardzo dokładnie.

16. On założył telefony w mieszkaniach tego budynku.

17. Przetłumaczę jej książkę na język koreański.

18. Matka myje ręce swojego syna.

19. Syn włączył telewizor po kolacji.

20. Zerwali już świeże owoce.

문제 2 수동구문을 능동구문으로 바꾸세요.

np.) Egzaminy zostały przełożone przez studentów przez cały tydzień.
→ Studenci przełożyli egzaminy przez cały tydzień.

1. Koncert został wykonany przez polskiego solistę.

2. Koleżanka była operowana przez znanych chirurgów.

3. Ten projekt został opracowany przez znanych.

4. Ta powieść została przeczytana przez ludzi.

5. Nowoczesny hotel jest budowany przez Koreańczyków.

6. Goście zostali zaproszeni przez gospodynię.

7. Złodzieje zostali zatrzymani przez policjantów.

8. Ta książka została dobrze przetłumaczona przez Romana.

9. Wykłady były prowadzone przez profesora.

10. Konkursy fortepianowe im. Fryderyka Chopina będą transmitowane przez Polską Telewizję.

08 태 II - 재귀태
Strona zwrotna

주어의 행동이 다시 행동주 자신에게 돌아옴을 나타내는 것을 재귀동사라고 한다. 재귀사인 się은 동사와 결합하여 여러 가지 구문을 만들어 낼 수 있다.

◉ się이 붙어 만들어지는 구문

1. 재귀동사구문
2. 상호동사구문
3. 능동 동사 + się의 자동사구문
4. 무인칭구문 - 제 2부, 11 강 참조
5. 수동태 / 중간태구문 - 제 2부, 8강 참조
6. 항상 się을 동반하는 동사(reflexiva tantum verbs)

I. 재귀동사구문

타동사인 능동 동사에 재귀사 się을 덧붙인다. 타동사구문의 목적어 대신 się을 쓰는 것이라고 생각하면 이해하기가 쉽다. 의미적으로 행위가 주어 자신에게 행해지거나 주어의 신체 일부에 행해짐을 나타낸다.

np.) ◈ 타동사구문

Jan umył samochód. → Samochód został umyty przez Jana.

(얀은 자동차를 씻었다.) 수동구문으로 바꿀 수 있다.

◈ 재귀동사구문

Jan umył się. → X

(얀은 스스로 씻었다.) 수동구문으로 바꿀 수 없다.

ubierać(옷을 입다), golić(면도하다), czesać(머리를 빗다) 등의 동사가 się과 함께 쓰여 재귀동사가 된다.

II. 상호동사구문

능동 동사에 재귀사 się을 덧붙여 주어가 '서로 ~하다'의 의미가 된다. się은 재귀의 의미보다는 서로(wzajemnie)의 의미로 쓰인다. się이 없는 능동사로 쓸 때는 주어는 단수이지만 się이 붙은 형태로 사용할 때는 주어가 복수가 되어야 '서로서로'의 의미로 해석될 수 있다.

np.) ① Marcin przytulał ją mocno. Basia też go przytulała mocno.

(마르친은 그녀를 꼭 껴안았다. 바시아 역시 그를 꼭 껴안았다.)

→ Oni się mocno przytulali. (그들은 서로를 꼭 껴안았다.)

② Marek lubi ją. Anna też go lubi.

(마렉은 그녀를 좋아한다. 안나도 그를 좋아한다.)

→ Marek i Anna się lubią. (마렉과 안나는 서로 좋아한다.)

③ Oni się bardzo kochają i spotykają się prawie codziennie.

(그들은 서로 너무 사랑해서 거의 매일 만난다.)

상호동사: lubić się, nienawidzić się, rozumieć się, unikać się, pobrać się 등

(po)rozmawiać (대화하다)와 같은 동사는 się이 없더라도 '서로 이야기하다'의 의미로 해석된다.

III. 능동 동사 + się의 자동사구문

주어인 대상의 의지와 상관없이 행해지는 행위(czynność mimowola)를 표현하는 구문이다. 이 구문은 행위의 주체 또는 원인을 주어로 하는 타동사구문으로 바꿀 수 있다.

1. 사물 명사 + 동작동사 + się

np.) ① Ten samochód się zatrzymał. (이 자동차는 멈췄다.)
← 사동구문: Ktoś zatrzymał ten samochód.
원인
(누군가가 이 자동차를 세웠다(멈추게 했다).)

② Drzwi się otworzyły. (문이 열렸다.)
← 사동구문: Wiatr otworzył drzwi. (바람이 문을 열었다.)
원인

2. 추상적 개념, 사회적 상황 등을 나타내는 명사 + 동사 + się

np.) ① Atmosfera rozładowała się. (기분이 밝아졌다 / 가벼워졌다.)
← Ktoś rozładował atmosferę. (누군가가 분위기를 가볍게 / 밝게 했다.)
② Sytuacja wyjaśniła się. (상황이 명확해졌다.)
← Ktoś wyjaśnił sytuację. (누군가가 상황을 명확하게 했다.)

3. 감정 및 정신적 상태 표현

주어의 의지와 상관없는 감정 및 정신적 상태를 표현하며, 기구격이나 장소격으로 표현된 대상은 주어가 느끼는 감정의 원인이다. 이 구문은 się이 없는 구문으로 바꿀 수 있으며, 이때 원인이 되는 대상이 주어가 되고, 감정의 주체는 목적어가 된다.

np.) ① Matka martwi się córką. (엄마는 딸을 걱정한다.)
도구격
→ Córka martwi matkę. (딸은 엄마를 걱정시킨다.)
원인 목적격

② Jan interesuje się historią. (얀은 역사에 흥미가 있다.)
도구격
→ Historia interesuje Jana. (역사는 얀에게 흥미를 갖게 한다.)
목적격

다음과 같은 동사들이 주로 이런 용법으로 쓰인다.

denerwować się + kimś, czymś (~에 화가 나다)
cieszyć się + kimś, czymś (~에 기쁘다)
martwić się + kimś, czymś (~을 걱정하다)
rozczarować się + kimś, czymś (~에 실망하다)
wzruszyć się + kimś, czymś (~에 감동하다)
niecierpliwić się + kimś, czymś (~에 초초해 지다, 참을 수 없다 / 짜증이 나다)
obrazić się + na + kogoś, coś (~에 불쾌하다)

IV. 무인칭구문

능동 동사에 się을 덧붙여 불명확한 주어의 행동을 표현할 때 사용한다. 동사는 현재나 미래에서는 3인칭 단수를 쓰거나 과거에서는 3인칭 단수 중성형을 쓴다. 무인칭구문에 대해서는 제 11강 무인칭구문에서 더욱 자세히 살펴보도록 하자.

np.) W zimie jeździ się na nartach. (겨울에는 스키를 탄다.)
Tutaj czyta się dużo. (여기서 (사람들은) 책을 많이 읽는다.)
Da się wszystkim prezenty. (모든 사람들에게 선물을 준다 / 줄 것이다.)
Jadło się dużo malin. (라스베리를 많이 먹었다.)
Buduje się tutaj szkołę. (여기에 학교를 짓는다.)

★ się의 위치

się은 문두에는 올 수 없다. 문장에서 동사가 문미에 온다면 이때는 się을 동사 앞에 써야 한다.

Nie mogę się spóźnić. (나는 늦을 수가 없다.)

się이 동사 앞에 오는 것과 뒤에 오는 것의 의미 차이는 없다.

동사 앞 - ① Często się denerwuje na lekcji.
(그는 수업시간에 화를 낸다.)
② Ojciec się martwi o syna.
(아버지는 아들을 걱정하신다.)

동사 뒤 - ① Spotykamy się zawsze po kolacji.
(우리는 항상 저녁식사 후에 만난다.)
② Znudziło im się grać w szachy.
(그들은 체스 게임하는 것이 지겨웠다.)

V. 수동태 / 중간태구문

불완료 동사의 경우 3인칭 단수 또는 복수에 się을 붙여 수동태 또는 중간태구문을 만들 수 있다. 주어가 동사적 행위의 주체가 아닌 대상이 되며, 중간태구문의 경우 문장 내에 속성을 표현하는 부사가 함께 쓰인다.

np.) ① Ten budynek buduje się już trzy lata.
= Ten budynek jest budowany już trzy lata.
(이 집은 이미 3년동안 지어지고 있다.)
② Ten samochód prowadzi się łatwo.
(이 차는 쉽게 운전한다/운전할 수 있다.)
③ Te koszule dobrze się piorą.
(이 셔츠들은 잘 세탁되고 있다.)

VI. się을 항상 동반하는 동사

여기서의 się은 재귀적 용법이 아니라 동사의 일부로, 반드시 동사와 함께 써야만 완전한 동사가 된다. się은 의미적, 문법적으로도 어떠한 기능도 가지고 있지 않다. 이 그룹에 해당하는 동사들은 się없는 형태만으로는 홀로 사용할 수 없다는 것을 명심해 두도록 하자.

np.) Bał się egzaminów ustnych i pisemnych, które miał zdawać za tydzień.
(그는 일주일 후에 치러야만 했던 구두시험과 필기시험이 두려웠다.)

다음 동사들은 항상 się과 함께 쓰인다.

bać się + kogoś, czegoś (두려워하다)
opiekować się + kimś, czymś (돌보다, 보호하다)
najeść się (지나치게 많이 먹다)
(po)kłócić się (~ 싸우다)
spóźniać się (늦다)
starać się (노력하다)
śmiać się (웃다)
śpieszyć się (서두르다)
ukłonić się (인사하다)
wstydzić się (부끄러워하다)
zgadzać się (동의하다) 등

함께 풀어봅시다.

문제 1 다음 능동구문을 재귀동사구문으로 바꾸시오.

np.) Najpierw matka myje jej małego syna.
→ Potem ona się myje. (sama)

1. Matka obudziła córkę o świcie.
   → Córka .... (sama)

2. Matka ubiera dzieci.
   → Dzieci .... (same)

3. Anna kładzie Adama do łóżka.
   → Adam .... do łóżka. (sam)

4. Piorę brudne spodnie.
   → Spodnie .... w pralce. (same)

5. Drukują na drukarce teksty.
   → Teksty .... na drukarce. (same)

문제 2 괄호 안의 동사를 사용하여 과거시제의 기동동사구문과 사동동사구문을 완성하시오.

np.) (zatrzymać)
Pociąg zatrzymał się na stacji.
Ktoś zatrzymał pociąg w polu.

1. (zamknąć)
Okno .... nagle.
Ktoś nagle .... okno.

2. (zacząć)
Wykład .... o szóstej.
Profesor .... wykład.

3. (rozlać)
Woda .... po stole.
Ktoś .... wodę na stole.

4. (kończyć)
Zajęcia .... o dziesiątej.
Nauczycielka .... zajęcia o dziesiątej.

5. (otworzyć)
Drzwi nagle ....
Marek .... drzwi.

문제 3 다음 문장을 상호동사구문으로 바꾸시오.

np.) Janek lubi Ewę. Ewa lubi Janka.
→ Janek i Ewa się lubią.

1. Tomek nienawidzi jego starszego brata. Jego starszy brat też go nienawidzi.
   →

2. Dziadek rozumie babcię. Babcia też rozumie dziadka.
   →

3. Jakiś chłopak bije jego znajomego.
   →

4. Kasia go nie cierpi. Adaś jej nie cierpi.
   →

5. Jacek często odwiedza Martę. Marta też go odwiedza.
   →

09 화법
Mowa

말을 전달하는 방식으로 어떤 사람이 한 말의 내용을 그대로 전달하는 방식을 직접 화법이라고 하고, 어떤 사람이 직접 한 말을 전달자의 말로 바꾸어 내용을 전달하는 방식을 간접 화법이라고 한다. 간접 화법은 현재 말하는 사람의 입장에서 인칭이나 시제 따위를 고쳐서 말하는 것이다.

I. 직접 화법(Mowa niezależna) → 간접 화법(Mowa zależna) 구문으로 바꾸기

1) 평서문을 바꿀 때, 접속사 "że"를 쓰고 전달하고자 하는 내용을 종속절에 쓴다. 간접화법으로 바꿀 때에는 반드시 인칭 대명사를 의미에 맞게 바꿔야 한다.

np.) "Wrócę wcześnie". (나는 일찍 돌아갈 것이다.)

→ Powiedział, że wróci wcześnie. (그는 일찍 돌아갈 것이라고 말하였다.)

2) 명령이나 금지 또는 요청 문장일 때, 접속사 "żeby"로 이끌고 술어를 3인칭 과거형으로 쓴다.

np.) "Odwiedźcie nas jutro" - rodzice prosili.

("너희들은 내일 우리를 찾아와라(방문해라)! - 부모님께서 청했다.)

→ Rodzice prosili, żebyśmy ich odwiedzili jutro.

(부모님은 내일 우리가 그들을 찾아오라고 청했다.)

3) 의문문일 때는 종속절을 이끄는 접속사로 że나 żeby대신 의문사(*czy, kto, co, jaki, który, gdzie, kiedy* 등)를 사용한다.

np.) ① "Pójdziesz ze mną do teatru?" (너는 나랑 함께 극장에 갈래?)

→ Zapytał, czy z nim pójdę do teatru.

(그는 내가 그와 함께 극장에 가겠냐고 물었다.)

② "Gdzie byliście?" (너희들은 어디에 있었니?)

→ Matka zapytała swoich synów, gdzie byli.

(엄마는 자신의 아들들에게 어디에 있었냐고 물었다.)

함께 풀어봅시다.

문제 1 직접화법을 간접화법으로 바꾸시오.

np.) „Nie piję soku pomarańczowego". (on)
→ Powiedział, że nie pije soku pomarańczowego.

1. „Potrafię mówić po polsku". (on)

2. „Pójdę jutro do teatru". (Jacek)

3. „Nie oglądam telewizji". (Magda)

4. „Już robię kawę". (młodsza siostra)

5. „Mam prawo jazdy". (Ja)

6. „Nie mam odpowiednich biletów". (mąż)

7. „Pociąg się spóźni za dziesięć minut". (spiker)

8. „Mieszkam w Seulu". (Piotr)

9. „Nie znamy Krakowa". (koleżanki)

10. „W niedzielę idziemy na przyjęcie". (współmieszkańcy)

11. „On jest mądrym studentem". (nauczyciel)

12. „Nie zdaliśmy egzaminu". (studenci)

13. „Przyjedziemy w środę". (krewne)

14. „Jesteśmy bardzo zdolne". (studentki)

15. „Nie kupię ci samochodu". (żona)

16. „Nie zadzwonię do jego sąsiada". (Adaś)

17. „Nie znam twojego numeru telefonu". (Adam)

18. „Mój syn studiuje historię". (Ojciec)

19. „Nie lubię twojego kota". (przyjaciel)

20. „Będziemy się uczyć przez cały tydzień". (współmieszkańcy)

문제 2 의문의 직접화법을 간접화법으로 바꾸시오.

np.) „Kiedy masz urodziny, Tomku?" (ja - Tomek)
→ Zapytałem Tomka, kiedy ma urodziny.

1. „Co chcesz studiować?" (matka - córka)

2. „Pojedziemy nad morze?" (współmieszkańcy - my)

3. „Spotkamy się jeszcze?" (kolega - ja)

4. „Byliście na Niemczech?" (nauczyciel-studenci)

5. „Umiesz grać w koszkówkę?" (Marek - Janusz)

6. „Czy oni się rozwiedli?” (koleżanka - sąsiedzi)

7. „Nie zmienicie decyzji?” (wnuczka - dziadkowie)

8. „Jak to się stało?” (policjant - przechodzień)

9. „Chcesz zmienić pracę?” (przyjaciółka - ja)

10. „Słuchaliście tej muzyki?” (koledzy - my)

11. „Która godzina?” (pani Kowalska - pan Kowalski)

12. „Wyjdziesz za mnie?” (on - jego narzeczona)

13. „Dlaczego się spóźniliście?” (profesor - studenci)

14. „Gdzie mieszka Basia?” (Andrzej - ja)

15. „Znasz język japoński?” (ja - kolega)

16. „Dokąd wyjechały pani dzieci?” (dyrektor - sekretarka)

17. „Czym się interesujecie?” (lektorka - my)

18. „Czy prowadzi pani samochód?” (sprzedawca - kobieta)

19. „Czy mnie kochasz? (ona - jej narzeczony)

20. „Czy mogę zostać u babci?” (wnuk - babcia)

문제 3 명령의 직접화법을 간접화법으로 바꾸시오.

np.) „Odwiedź nas w tym tygodniu" (znajomi - on)
→ Znajomi prosili go, żeby odwiedził ich w tym tygodniu.

1. „Nie jedz tyle czekolady." (mąż - żona)

2. „Pożycz mi pieniądze." (Janek - ja)

3. „Zwróć mi moje książki." (Anna - Jacek)

4. „Odpiszcie na mój list." (ja - wy)

5. „Ożeń się ze mną." (ja - on)

6. „Bądźcie grzeczne." (ja - wy)

7. „Nie palcie tak dużo." (on - wy)

8. „Nie chodź do sklepu." (matka - syn)

9. „Zaczekaj na mnie po zajęciach." (ja - Maria)

10. „ Zapłać rachunek." (żona - mąż)

11. „Idźmy na ten koncert." (ja - oni)

12. „Wyjedźcie na wakacje." (kolega - wy)

13. „Przeczytaj ten artykuł." (koleżanka - ja)

14. „Marku, zachowuj się grzecznie.” (ojciec - Marek)

15. „Kup mi samochód na urodziny.” (narzeczona - narzeczony)

16. „Aniu, pomóż mi posprzątać mieszkanie.” (siostra - Ania)

17. „Nie jedz zbyt szybko.” (Matka - syn)

18. „Nie spotkaj się z tym chłopcem.” (ojciec - córka)

19. „Wyjdź na spacer z psem.” (dziadek - babcia)

20. „Nie krzycz na mnie.” (syn - matka)

10 무인칭구문 I
Zdania bezpodmiotowe

무인칭구문이란 문법적으로 주어가 없는 문장을 의미하며, 폴란드어에서는 다양한 형태로 무인칭구문을 만들 수 있다.

◉ 무인칭구문의 유형

1. 결여 동사(czasowniki defektywne) 구문
2. -no, -ono, -to 구문
3. 능동 동사 + się의 무인칭구문
4. 부사를 포함한 구문
5. 동사원형구문
6. 양상동사구문

I. 결여 동사(czasowniki defektywne) 구문

동사 활용이 현재 시제에서 단지 3인칭 단수 형태로만 쓰이고, 특히 과거 시제에서는 3인칭 단수 중성 형태로만 쓰인다.

1. 자연 현상

날씨와 관련된 현상이나 하루의 변화, 자연 재해 등을 표현할 때

	현재	과거	미래	가정법
날씨	Grzmi. (천둥이 친다.)	Grzmiało. (천둥이 쳤다.)	Będzie grzmiało(grzmieć) (천둥이 칠거야.)	Grzmiałoby
	Chmurzy się. (흐려지고 있다. 구름으로 덮이고 있다.)	Zachmurzyło się. (흐려졌다. 구름으로 덮였다.)	Zachmurzy się za chwilę. (곧 흐려질거야. 곧 구름으로 덮일거야.)	
	Zanosi się na deszcz. (지금 비가 막 올 것 같다)	Zanosiło się na deszcz. (비가 올 것 같았다.)		
	Robi się ciepło. (따뜻해진다.)	(Z)robiło się ciepło. (따뜻해졌다.)	Zrobi się ciepło. (따뜻해질거야.)	Zrobiłoby się ciepło.
날	Ściemnia się. (어두워지고 있다.) Świta. (날이 밝아오고 있다.)	Ściemniało się. (어두워졌다.) Świtało. (날이 밝았다.)	Ściemni się. (어두워질거야.) Będzie świtać. (날이 밝을거야.)	
자연 재해	Pali się (불타고 있다.) Przerywa zaporę. (댐이 무너진다.)	Paliło się. (불탔다.) Przerywało zaporę. (댐이 무너졌다.)	Będzie się palić (불탈 것이다.) Przerwie zaporę. (댐이 무너질거야.)	Przerywałoby zaporę.

2. 인간의 육체적, 정신적인 현상이나 상태

주로 인간이 느끼는 육체적, 정신적 현상이나 상태를 표현하며, 문장의 의미상 주어를 주격이 아닌 여격이나 목적격 등의 격으로 표현한다. 문장 내에 주격의 신체 부위 명사가 있다면 의미상의 주어가 신체 부위의 소유주가 되는 것이다. 예를 들어 '나는 머리가 깨질 것 같다' 또는 '내 머리가 깨질 것 같다'라는 표현을 하기 위해서는 "Moja głowa pęka"라고 하지 않고 "Pęka mi głowa."라고 해야 한다. 의미상 주어인 신체 소유주는 여격, 아픈 대상은 주격으로 표현한다.

또한 일반 동사를 사용하지 않고 być 또는 (z)robić się 과 부사 또는 명사(być/robić się + 부사/명사)를 결합시켜 신체 상태나 심리적 상태를 표현할 수도 있다. 이때도 마찬가지로 의미상의 주어는 여격으로 표현되며, 동사의 시제는 현재에서는 3인칭 단수, 과거에서는 3인칭 단수 중성을 사용한다.

의미상의 주어인 인칭 대명사는 동사의 앞이나 뒤에 모두 위치할 수 있다. 일반적으로는 단형의 인칭 대명사를 동사의 뒤에 위치시키지만 의미상의 주어가 일반명사나 고유명사이거나 또는 강조를 위해서는 장형의 인칭대명사를 사용하여 동사의 앞이나 문두에 위치시킨다.

1) 일반 자동사와 함께 여격(3격)의 의미상 주어를 사용하는 경우

① 의미상의 주어가 동사 뒤에 위치하는 경우

Chce mi się pić. (나는 마시고 싶다.)
Chce ojcu się spać. (아버지는 주무시고 싶어 하신다.)
Pękała mi głowa. (내 머리가 깨지는 것 같았다.)
Podoba mi się tu. (나는 이곳이 마음에 든다.)
Nudzi jej się w kinie. (그녀는 극장에서 지겨워한다.)
Kręci mi się w głowie. (나는 현기증이 난다.)

② 의미상의 주어가 동사 앞에 위치하는 경우

Dziecku/Ani chce się pić. (아이는 / 아냐는 마시고 싶다.)
Ludziom robi się smutno. (사람들은 슬프다.)
Mnie/Jankowi podoba się Kraków. (나는 / 야넥은 크라쿠프가 마음에 든다.)

2) być/(z)robić się + 부사 또는 명사

① być/(z)robić się + 부사

폴란드에서는 [być + 여격의 의미상 주어 + 부사]의 구문과 [być + 주격주어 + 형용사] 구문을 모두 사용할 수 있다. 그러나 두 구문은 의미적 차이가 있다. 아래 어휘들은 일반적으로 두 가지 구문으로의 표현이 가능하며, 어떤 차이가 나타나는지 익혀두자.

여격 의미상주어 + być	부사	주격 주어 + być	형용사
Ani było / się robiło	zimno 춥다	Ania jest	zimna 성격이 차갑다
	ciepło 따뜻하다		ciepła 성격이 따뜻하다
	gorąco 덥다		gorąca 다혈질이다.
	słabo 정신이 혼미하다		słaba 몸이 약하다
	wesoło 유쾌하다		wesoła 쾌활하다
	przykro 유감스럽다		przykra 귀찮아한다
	smutno 슬프다		smutna 슬프다
	nudno 지루하다		nudna 지루한 사람이다.

② być/(z)robić się + 명사

명사와 동일한 의미의 일반 동사 구문으로 바꿀 수 있다.

Było mi wstyd. (나는 부끄러웠다) = Wstydziłem się.

Jest mi żal. (나는 후회한다) = Żałuję.

희망이나 소원을 나타내는 chcieć동사는 주어를 주격과 여격으로 모두 표현 가능하다. 의미상 주어를 여격으로 쓸 경우는 동사 chcieć에 się을 반드시 덧붙인다. 이 두 형태는 미세한 의미적 차이가 발생된다. 주어를 주격으로 쓰면 술어적 행위를 하기 위한 주어의 의지가 내포되지만 여격으로 쓰면 자신의 의지와 상관없이 행위를 하게 됨을 의미한다.

np.) Magda chce spać. (마그다는 자고 싶어한다. (주어의 의지 포함))
주격

Magdzie chce się spać. (마그다가 자기를 원한다. (주어의 의지와 상관없음))
여격

3) 의미상 주어가 목적격(4격)인 경우

① 의미상의 주어가 동사 뒤에 위치

Boli mnie głowa. (나는 머리가 아프다.)

Swędzi mnie skóra na plecach. (나는 등이 가렵다.)

② 의미상의 주어가 동사 앞에 위치

Ojca denerwuje to, że dzieci krzyczą. (아버지는 아이들이 소리치는 것이 화가 난다.)

Mnie to wcale nie dziwi. (나는 그것이 전혀 이상하지 않다.)

3. 인간의 감각에 의한 현상

술어적 행위의 원인이 되는 대상물을 기구격으로 표현한다.

Pachnie różami. (장미꽃 냄새가 난다.)
Śmierdzi olejem. (기름 냄새가 풍긴다.)

II. -no, -ono, -to 구문

불분명한 주어의 과거 일을 표현하는 것으로 형용사적 수동분사의 중성형태로 쓰인다. 특히 신문과 같은 문어체 구문에서 많이 볼 수 있다.

1. -ać / -eć로 끝나는 동사

-ać / -eć로 끝나는 동사의 어간 + -no

동사원형	무인칭	의미	
pisa-ć	pisano	(누군가가) 썼다	
kupowa-ć	kupowano	(누군가가) 샀다	
bra-ć	brano	(누군가가) 가져갔다	
milcze-ć	milczano	(누군가가) 침묵했다	*e : a*
słysze-ć	słyszano	(누군가가) 들었다	*e : a*
musie-ć	musiano	(누군가가) 해야만 했다	*e : a*
myśle-ć	myślano	(누군가가) 생각했다	*e : a*

① W gazecie napisano o tym wydarzeniu. (누군가가 신문에 그 사건에 대해 썼다.)

2. -ić / -yć, -ść, -źć, -c 로 끝나는 동사

-ić/-yć, -ść, -źć, -c로 끝나는 동사의 어간 + -ono

동사원형	무인칭	의미	
mówi-ć	mówiono	(누군가가) 말했다	
liczy-ć	liczono	(누군가가) 계산했다	
nosi-ć	noszono	(누군가가) 가져갔다	*si : sz*
nieś-ć	niesiono	(누군가가) 가져갔다	
wieź-ć	wieziono	(누군가가) 운반했다	
piec	pieczono	(누군가가) 구웠다	*c : cz*

① Chorego przewieziono do szpitala. (환자를 병원으로 실고 갔다.)

-ić/-yć로 끝나는 동사의 경우 ci : c, dzi : dz, si : sz. zi : ź, ści : szcz, ździ : żdż의 음운교체현상이 나타난다.

3. 단음절 동사나 -ąć, -nąć로 끝나는 동사

단음절 동사나 -ąć, -nąć 로 끝나는 동사의 어간 + -to

동사원형	무인칭	의미	
pi-ć	pito	(누군가가) 마셨다	
my-ć	myto	(누군가가) 씻었다	
szy-ć	szyto	(누군가가) 꿰맸다	
trze-ć	tarto	(누군가가) 갈았다	*(3 인칭단수과거어간)*
zaczą-ć	zaczęto	(누군가가) 시작했다	*ą : ę*
zmokną-ć	zmoknięto	(누군가가) 젖었다	*ną : nię*

① W całym kraju rozpoczęto produkcję piwa.
(온 나라에서 맥주 생산을 시작했다.)

② Mówiono wiele o tym wydarzeniu.
((사람들은) 이 사건에 대해서 많이 얘기했다.)

III. 능동 동사 + się의 무인칭구문

불분명한 주어의 행위를 나타내기 위해서 모든 능동 동사에 się을 덧붙여 무인칭 표현이 가능하다. 이때 동사는 현재시제는 3인칭 단수로, 과거시제는 3인칭 중성 단수형으로 그리고 가정법형태로 나타낸다. 주로 장소나 시간을 나타내는 부사나 정도 등을 표현하는 부사와 함께 쓰인다.

np.) ① W zimie jeździ się / jeździło się / będzie się jeździć na łyżwach.
(겨울에 스케이트를 탄다 / 탔다 / 탈 것이다.)
② Tę książkę czyta się szybko. (이 책을 빨리 읽는다 / 읽을 수 있다.)
③ Dobrze się tu odpoczywa. (여기서 휴식을 잘 취한다 / 취할 수 있다.)
④ Samolotem wygodnie się podróżuje.
(비행기로 편하게 여행을 한다 / 할 수 있다.)
⑤ Okazałoby się, że jest już późno. (이미 늦었을 거야.)

이 구문은 -no, -ono, -to의 무인칭구문으로 바꿀 수 있다.

np.) ① Dawniej robiło się meble z drzewa.
= Dawniej robiono meble z drzewa.
(오래전부터 나무로 가구를 만들었다.)
② Mówiło się, że szansa jeszcze istnieje.
= Mówiono, że szansa jeszcze istnieje.
(기회가 아직 있다고 말했다.)

IV. 술어 부사 (być / zrobić się + 부사)

동사 być, zrobić się과 부사를 사용하여 시간이나 장소의 상태를 표현할 때 사용한다. 특히 부사는 문두에 많이 사용되며, 동사없이 부사 2개를 사용하여 문장을 만들기도 한다.

np.) ① Tam jest ciepło. (저곳은 따뜻하다.)

② W pociągu zrobiło się pusto. (기차은 텅 비었다.)

③ Na korytarzu było jasno. (복도는 밝았다.)

④ W lesie było za mokro. (숲은 매우 습했다.)

⑤ Ciepło dzisiaj. (오늘은 따뜻하다 = Dzisiaj jest ciepło)

⑥ Pięknie tutaj. (이곳은 아름답다 = Tutaj jest pięknie)

함께 풀어봅시다.

문제 1 예문과 같이 아래 능동동사구문을 무인칭구문으로 바꾸시오.

np.) U nas wieczorem zwykle (oglądać) telewizję.
→ U nas wieczorem zwykle ogląda się telewizję.

1. W gazetach ostatnio dużo (pisać) o nowym prezydencie.

2. W Sukiennicach (kupować) dużo pamiątek z Krakowa.

3. W Rosji (pić) dużo wódki.

4. Zimą chętnie (wyjeżdżać) na nartach.

5. W Polsce (jeść) mało jarzyn.

6. Teraz (budować) dużo nowoczesnych budynków.

7. Dzisiaj (gotować) pierogi z mięsami.

8. W jej domu (mówić) tylko po polsku.

9. Za granicą (spotykać) wielu kolegów.

10. Pracownicy (mówić), że lato przyszłego roku będzie upalone.

11. Te filmy (oglądać) z zainteresowaniem.

12. Muzyki Chopina (słuchać) z przyjemnością.

13. Latem (jeździć) na basen.

14. To ciasto (robić) bardzo szybko.

15. Do szpitala (iść) na lewo.

문제 2 다음 문장을 아래 예와 같은 형태의 무인칭구문으로 만드시오.

np.) W klubie studenci dyskutowali o problemach społecznych.
→ W klubie dyskutowano o problemach społecznych.

1. Kupiliśmy nowe meble dla dzieci.

2. Zamówiłem wam nocleg w hotelu studenckim.

3. Powiadomiliśmy o tym kierownika.

4. W dziekanacie rozmawiał z nami długo.

5. Pracownicy przerwali pracę.

6. Na inauguracji nowego prezydenta orkiestra odegrała hym.

7. Wymyli wszystkie samochody dla gości.

8. Jaki pacjent zauważył zmiany rytmu serca.

9. W tym mieście otworzyli nowy szpital.

10. Przesłuchali całe kolędy na płytach.

11. Konserwator odkrył w Krakowie średniowieczny obraz.

12. Przekazał internautom tę złą wiadomość.

13. Robotnicy przesunęli meble w pokoju.

14. Co wieczór zapalamy świeczki.

15. Ludzie przeczytali nagrodzoną książkę.

16. Nie dokończyli rozmowy na temat reformy.

17. Dziecko wybiło szybę w tym pokoju.

18. Góral wyciął dużo drzew.

19. Studenci przetłumaczyli wiersze Szymborskiej.

20. Ktoś wydał nowe powieści.

문제 3 괄호 안의 대명사들을 알맞은 격으로 바꾸시오.

1. Jest / było .... (ja) zimno.

2. Jest / było .... (on) ciepło.

3. Jest / było .... (ona) gorąco.

4. Jest / było .... (ja) duszno.

5. Jest / było .... (ty) słabo.

6. Jest / było .... (my) smutno.

7. Jest / było .... (ja) żal.

8. Jest / było .... (ja) głupio.

9. Jest / było .... (ja) ciężko.

10. Jest / było .... (ja) wesoło.

문제 4 괄호 안의 대명사들을 알맞은 격으로 바꾸시오.

1. Boli .... głowa. (ja)

2. Chce .... się pić. (ja)

3. Podoba .... się tu. (ja)

4. Żal .... jego głupoty. (ja)

5. Swędzi .... na plecach. (ja)

6. Pachnie .... (róże)

7. Szumi się w .... (uszy)

11 무인칭구문 II
Zdania bezpodmiotowe

이번에는 동사원형을 사용하여 무인칭구문을 표현하는 동사원형구문(zdania bezokoliczników)과 “móc(할 수 있다)”, “można(할 수 있다)”, “trzeba(해야 한다)” 등 양상 표현의 어휘를 사용하는 양상동사구문(zdania modalne)에 대해 알아보기로 하자.

I. 동사 원형 구문(Zdania bezokoliczników)

동사원형구문(zdania bez podmiotu z bezokolicznikiem)은 말 그대로 주어 없이 동사 원형과 함께 술어적 동사 그리고 대상만으로 만들어진 구문이다.

1. znać(알다), widać(보이다), słychać(들리다), czuć(느끼다), stać(서있다)

동사원형구문을 만드는 대표적인 동사들이며, 한국어로 해석할 때는 대상이 되는 목적어를 주어로 해석하면 자연스럽다.

현재	과거	미래	부정
Widać dom. 집이 보인다.	Widać było dom. 집이 보였다.	Będzie widać dom. 집이 보일 겁니다.	Nie widać domu. (집이 보이지 않는다)
Słychać głos. 목소리가 들린다	Słychać było głos. 목소리가 들렸다.	Będzie słychać głos. 목소리가 들릴 겁니다.	Nie słychać głosu. 목소리가 안 들린다.

2. 명령법

일반적으로 공공장소의 표지판 등에 많이 쓰이는 형식으로 불특정한 다수에게 금지를 표현할 때 사용한다.

① Nie palić! (담배 피지 마시오! / 금연!)
② Nie deptać trawników! (잔디를 밟지 마시오!)

3. tak, nie를 요구하는 의문문

(Czy) podać kawę? (커피 줄까요?)

4. 명사 + 동사원형

czas(시간), pora(계절, 기간), szkoda(유감), strach(공포), wstyd(부끄러움), żal(후회)과 같은 명사 뒤에 술어적 동사를 덧붙여 준다.

① Czas wyjechać. (가야할 시간이다.)
② Pora spać. (잠을 자야하는 계절이다.)
③ Szkoda płakać. (울어서 유감이다.)

5. 의문문에서

양상을 표현하는 양상동사와 함께 술어적 동사를 동사 원형으로 사용하며, 여기서 Może는 부사적 표현으로 부가의문문 정도로 생각하면 된다.

① Może podać kawę? (커피 줄까요?)
② Może trzeba kupić cukier? (설탕을 사야만 하지 않을까요?)

II. 양상동사구문

영어의 조동사와 같은 역할을 하는 양상동사는 인칭에 따라 변화하는 것과 변화하지 않는 불변화사로 나눌 수 있다. 양상동사는 술어에 가능, 의무, 필요, 당연, 허락, 금지 등의 의미를 더해 주는 역할을 한다.

1. 변화 양상 동사류

변화하는 양상 동사는 아래와 같이 주어의 인칭과 수에 따라 변화는 것과 3인칭 단수만을 사용하는 두 가지 유형이 있다.

1) 인칭과 수에 따라 변화

powinien(해야 한다), musieć(해야 한다), chcieć(~하고 싶다), móc(할 수 있다) ......

★ powinien의 변화형

단수			복수	
남성	여성	중성	남자명사	비남자명사
powinienem	powinnam	-	powinniśmy	powinnyśmy
powinieneś	powinnaś	-	powinniście	powinnyście
powinien	powinna	powinno	powinni	powinny

① Muszę wrócić. (나는 돌아가야만 한다.)

② Mogę wstać wcześnie. (나는 일찍 일어날 수 있다.)

③ Dlaczego powinienem zostać prezydentem?

(왜 내가 대통령이 되어야만 하는가?)

2) 3인칭 단수 현재와 단수 과거 중성만 사용

Należy / należało (~해야 한다), wypada/wypadało (적합하다. ~해야 한다), przystoi / przystało (적절하다), godzi się/godziło się (적합하다)

① Należy odpocząć. (쉬어야만 한다.)
② Wypada zapytać o zgodę. (동의를 구해야만 한다.)

2. 불변화 양상 동사

인칭에 따라 변화하지 않는 양상동사들이며, 이들 동사 뒤에는 동사원형의 본동사가 온다.

trzeba(~해야 한다), można(~할 수 있다), warto(~할 가치가 있다), wolno(허락하다), niepodobna(불가능하다), nie sposób(방법이 없다), winno się(~해야 한다), powinno się(~해야 한다) 등
trzeba = powinno się, należy, wypada, coś jest potrzebnem konieczne.

① Trzeba się uczyć. (공부해야만 한다.)
② Można wejść. (들어올 수 있다.)
③ Warto zobaczyć. (볼 가치가 있다.)
④ Nie wolno krzyczeć. (소리쳐서는 안된다.)

함께 풀어봅시다.

문제 1 다음 양상동사들을 인칭과 수에 맞게 바꾸시오.

np.) Janek chce/chciał kupić auto. (chcieć)

chcieć

1. Koledzy .... jechać na wakacje w sierpniu.

2. Co (my) .... zrobić?

3. Co (ty) .... powiedzieć?

4. Ja nic nie .... słyszeć.

5. Wy .... znać prawdę.

móc

1. Nie .... dzisiaj pisać. (my)

2. Anna nie .... przyjść wieczorem.

3. Studentki wszystkiego .... się nauczyć.

4. Wy nie .... być po południu w domu.

5. Dlaczego (ja) nie .... oglądać telewizji?

musieć

1. Rodzice .... nam pomagać.

2. (ty) .... zdać egzamin.

3. Współmieszkańcy .... posprzątać ten pokój.

4. Czy wy .... wrócić w sobotę?

5. O której (ja) .... być w domu?

문제 2 다음 양상동사를 인칭과 수에 맞게 바꾸시오.

np.) Oni powinni tu być już o szóstej. (powinien)

powinien

1. (Ja) (r.m.) .... skończyć pracę semestralną do środy.

2. (ty) (r.m.) .... zdążyć do kina.

3. (on) .... przyjść dzisiaj do nas.

4. (ona) .... zrozumieć, że nie mam czasu.

5. (ono) .... uczyć się języka angielskiego systematycznie.

6. (wy) (r. męskoosob.) .... zawiadomić o tym profesora.

7. (my) (r. niemęskoosob.) .... zrezygnować z tej wycieczki.

8. (one) .... przedyskutować ten problem.

9. (oni) .... chodzić codziennie na spacer do pobliskiego parku.

10. Rodzice zawsze .... dbać o zdrowie dziecka.

문제 3 다음 문장에 적합한 불변화 양상동사를 넣으시오.

np.) Tutaj naprawdę jest pięknie. Warto się przejść.

불변화사: można, warto, wolno, trzeba

1. Ta książka jest najlepsza w całym świecie. .... ją kupić.

2. To jest skomplikowane, a więc tego nie .... zrozumieć.

3. Pomóc wam? Nie, dziękujemy. Nie ....

4. Teren budowy. Nie .... przechodzić. .... obchodzić ten teren dookoła.

5. Czuję się już lepiej. Jutro .... iść do pracy.

6. Czy tu .... palić?

7. Przed egzaminem .... wpłacić 50 złotych w kasie.

8. .... się uczyć, żeby zdać egzamin.

9. W tej cukierni .... kupić smaczne cukierki.

10. .... na to poświęcić więcej czasu.

12 동사파생명사
Rzeczowniki odczasownikowe

동사에서 만들어진 명사로 행위의 이름을 나타낸다. 예를 들면 "czytać(읽다)"라는 동사에서 "czytanie(읽음, 읽는 것)"이라는 명사가 파생된다.

czytać - czytanie 'to, że się czyta'

I. 동사파생명사 만들기

불완료, 완료 동사의 과거 어간에 명사화 접미사 -anie, -enie, -cie, -acja를 덧붙이거나 동사화 접미사(-ć)를 탈락시킴으로써 만든다.

1. 접미사 - anie

-ać로 끝나는 동사의 과거형 어간 + 접미사 -anie

czyt-a-ć (읽다)	+ - anie	czyt-anie
pis-a-ć (쓰다)		pis-anie
sp-a-ć (자다)		sp-anie
przepisywa-ć (베껴 쓰다)		przepisyw-anie

일반동사

Jan pisał list godzinę. (얀은 한 시간 동안 편지를 썼다.)

동사파생명사

Pisanie listu trwało godzinę. (편지를 쓰는 데 한 시간이 걸렸다.)

2. 접미사 - enie

-eć, -ić / -yć, -ść, -źć로 끝나는 동사의 과거형 어간 + 접미사 -enie

leż-e-ć (눕다)	+ - enie	leż-enie
myśl-e-ć (생각하다)		myśl-enie
chodz-i-ć (가다)		chodz-enie
ucz-y-ć się (배우다)		ucz-enie się
znaleź-ć (찾다)		znalezi-enie
nieś-ć (가져오다)		niesi-enie

일반동사

Trzeba koniecznie przetłumaczyć ten artykuł. (이 논문을 꼭 번역해야 한다.)

동사파생 명사

Przetłumaczenie tego artykułu jest konieczne. (이 논문의 번역이 필요하다.)

3. 접미사 - cie

-nąć 또는 -ić / -yć로 끝나는 단음절 동사의 어간
자음군 어근을 갖는 동사의 3인칭 과거형 남성 단수 어간 + 접미사 -cie

kich-ną-ć (재채기하다) tup-ną-ć (쿵쿵 걷다)		kich-nię-cie *ną : nię* tup-nię-cie
pi-ć (마시다) ży-ć (살다) my-ć (씻다)	+ - cie	pi-cie ży-cie my-cie
przyjś-ć (도착하다, 오다) drzeć(darł) (찢다) trzeć(tarł) (갈다)		przyjś-cie → (동사원형어간) dar-cie tar-cie

일반동사

Marek zwykle myje się na 15 minut. (마렉은 항상 15분 동안 씻는다.)

동사파생 명사

Mycie (się) trwa zwykle 15 minut. (씻는 데 항상 15분이 걸린다.)

4. 접미사 -acja

외래어 어원의 -ować로 끝나는 동사
1) 동사 어근(동사원형에서 -ować 삭제) + -acja
2) 동사 과거 어간 + -anie

★ -acja와 -anie의 의미차이

-anie는 주로 행위의 이름(nazwa czynności)을 나타내고, -acja는 부수적인 의미로, 행위로 인해 만들어진 산물(wytwór czynności)을 의미한다. 그러나 -acja의 경우는 두 가지 의미로 모두 사용되기도 한다.

np.) ① administrowanie - 관리, 운영

Administrowanie systemami komputerowymi /nieruchomościami

(컴퓨터 시스템들/부동산들을 관리)

② administracja - (urząd) 행정부, 관리

Administracja rządowa w Polsce 폴란드 정부 행정부

Woźny był zmęczony administracją budynku.

(관리인은 건물 관리로 피곤했다.)

1) rekomend-ować (추천하다), prezent-ować (소개하다), domin-ować (지배하다) + -acja → rekomend-acja, prezent-acja, domin-acja

2) rekomendow-ać, prezentow-ać, dominow-ać + -anie → rekomendow-anie, prezentow-anie, dominow-anie

5. 접미사 탈락

동사임을 표시하는 접미사 -ować, -ać, -eć, -ić 등을 탈락시켜 어근만으로 명사를 만든다. 만들어진 명사는 주로 남성이나 자음으로 끝나는 여성의 성을 지니게 된다. 접미사를 탈락시켜 명사를 만들 수 있는 이러한 동사들은 어간에 -anie, -enie를 붙여 명사를 만들기도 한다. 만드는 방법은 앞선 -anie, -enie 접미사를 붙여 동사파생명사를 만드는 것과 동일하다.

1) atak-ować (공격하다)
eksport-ować (수출하다)
przywoz-ić (가져오다)
opis-ać (묘사, 기술하다)
wyjeżdż-ać (떠나다, 출발하다)

\- ować / - ić / - ać → m.

atak (atakowanie)
eksport (eksportowanie)
przywóz (przywożenie)
opis (opisanie)
wyjazd (wyjeżdżanie)

2) odpowiedzi-eć (대답하다)
pamięt-ać (기억하다)

\- eć / - ać → f.

odpowiedź *dzi : dź*
pamięć *t : ć*

일반동사

① Matka nalegała, żebym wyjechał. (엄마는 내가 떠날 것을 강요했다.)
② Dziecko krzyczało w tej sali. (아이가 방 안에서 소리쳤다.)

동사파생 명사

① Matka nalegała na wyjazd. (엄마는 출발(떠남)을 강요했다.)
② Rozległ się krzyk dziecka w tej sali.
(이 방 안에 아이의 함성(소리침)이 울려 퍼졌다.)

함께 풀어봅시다.

문제 1 다음 괄호 안의 동사를 동사파생명사형으로 바꾼 다음 알맞은 격으로 바꿔 넣으시오.

1. Męczy nas .... (oglądać) telewizji.

2. .... (milczeć) zawsze jest złotem.

3. Lubię .... (myć) naczynia.

4. .... (bić) dzieci w szkole nie jest pozwolone.

5. Czy jest coś do .... (zabrać) z domu?

6. Czy macie coś zimnego do .... (pić)?

7. Jest coś ciekawego do .... (obejrzeć) w jutrzejszym programie.

8. Czy macie coś do .... (powiedzieć) na ten temat?

9. Po .... (zrobić) zadania domowego poszedłem spać.

10. Po .... (obudzić się) poszedłem do łazienki.

11. .... (wyjść) na szczyt było trudniejsze niż .... (zejść).

12. Nie mam czasu na .... (gadać) godzinami przez telefon.

13. Czy macie coś do .... (oddać) w bibliotece?

14. Mamy coś dobrego i ciekawego do .... (czytać).

15. Po .... (wypić) syrupu na kaszel poczułem się lepiej.

16. Po .... (zjeść) kolacji pójdę na spacer.

17. .... (wychylać się) przez okno jest zabronione.

18. Nie ma nic do .... (stracić).

19. Po .... (skończyć) studiów wyjadę na wakacje.

20. .... (Palić) szkodzi zdrowiu!

문제 2 다음 동사를 -acja 또는 -∅형의 명사로 만들어 넣으시오.

1. Wczoraj .... (wjechać) do garażu był blokowany.

2. Proszę uważać, bo .... (podjechać) jest bardzo niebezpieczny.

3. Jego .... (wyjechać) był dla nas zaskoczeniem.

4. Konduktor wykrzykuje wiele razy ".......................... (odjeżdżać)".

5. .... (instalować) internetu kablowego trwała 2 godziny.

6. .... (Emigrować) z Korei do Ameryki od XIX wieku do dziś.

7. Nie jestem pewna, czy będzie możliwa .... (publikować) tej książki.

8. Kolega zajął się .... (organizować) przyjęcia.

9. .... (dekorować) tej wystawy zajęła mi kilka godzin.

10. To miasto ma dobrą .... (lokalizować).

13 부정문
Zdania zaprzeczone / Negacja

부정의 의미인 불변화사 nie를 쓰거나 부정 의미 대명사나 부사를 사용하는 경우 또는 부정의 접속사를 사용하여 부정을 표현할 수 있다.

I. 부정의 불변화사 nie

전체 문장을 부정하며 동사의 앞에 놓인다.

np.) ① Anna nie wyjeżdża dzisiaj. (안나는 오늘 떠나지 않는다.)
② Nasz uniwersytet nie mieści się w centrum Warszawy.
(우리 대학은 바르샤바 중심에 위치해 있지 않습니다.)

긍정문의 목적어는 부정문에서는 소유격으로 바꿔준다.

np.) 긍정문 Studenci rozumieją ten tekst.
부정문 Studenci nie rozumieją tego tekstu.

być동사를 사용하여 주어의 존재를 부정할 때는 현재시제에서 동사는 mieć로 바꿔 사용한다. 현재시제에서만! 과거는 nie było, 미래는 nie będzie! 주격의 주어는 소유격으로 반드시 바꿔줘야 한다.

np.) 긍정문 Starszy brat jest w biurze. (형은 사무실에 있습니다.)
부정문 Starszego brata nie ma w biurze. (형은 사무실에 없습니다.)

II. 이중 부정문

부정 불변화사 nie와 함께 부정의 접속사(ani~, ani~) 및 대명사(nic, nikogo, nikomu, niczemu, żaden, żadnego, żadnemu 등), 부사(nigdzie, nigdy 등)를 사용하여 이중으로 문장을 부정하는 형태이다. 폴란드어에서는 부정을 두 번 한다고 해서 강한 긍정이 되지 않는다. 여전히 부정의 의미이다.

np.) ① Ani nie pracowałem, ani nie odpoczywałem.
(나는 일하지도 않고, 쉬지도 않았다.)
② Nikomu nie wierzył. (그는 어느 누구도 믿지 않았다.)
③ Nie ma tu nikogo. (여기에는 아무도 없다.)
④ Nigdzie go nie ma. (어디에도 그는 없다.)
⑤ Nie widzę tutaj żadnego czasopisma.
(나는 여기서 어떤 잡지도 보지 않았다.)

함께 풀어봅시다.

문제 1 아래 긍정문을 이중 부정문으로 바꾸시오.

np.) Znamy tu każdego. → Nie znamy tu nikogo.

1. Wszyscy myślą o egzaminie ustnym.

2. Oni już wszędzie byli i wszystko załatwili.

3. Każda dziewczyna lubi rozmawiać o literaturze.

4. Każdy chłopiec chciałby być taki jak Marek.

5. Zawsze można ją zastać w domu.

14 복합문 I: 등위접속사와 종속접속사 Spójniki

I. 등위접속사(spójniki współrzędne)

두 개의 문장이나 구를 내등하게 연결하는 접속사로 i, oraz, ani, ale, lecz, natomiast, zaś, lub, albo, czyli, więc, dlatego, bądź, jednak 등이 있다. 의미에 따라 다음과 같이 나눌 수 있다.

1. 순접

i(그리고), oraz, jak również(그리고 또한), potem, następnie(다음으로) 등의 접속사는 문장1과 문장2의 행위가 일어나는 시점에 따라 다르게 사용한다. 동시동작과 순차적 동작으로 나뉜다. 또한 więc, dlatego(그래서)와 같은 접속사를 사용한 복문에서는 문장2가 문장1의 행위에 대한 결과나 결론을, 문장1은 문장2의 원인을 나타낸다.

1) **i(그리고)**

np.) Ojciec je śniadanie i czyta gazetę. (아버지는 아침을 드시고 신문을 읽으신다.)
문장1 문장2

= Ojciec czyta gazetę i je śniadanie. (아버지는 신문을 읽으시고 아침을 드신다.)

= Ojciec je śniadanie, czyta gazetę. (아버지는 아침을 드시고 신문을 읽으신다.)

두 개의 행위가 동시에 일어날 때 대표적으로 접속사 i(그리고)를 쓸 수 있으며, 문장1과 문장2의 동사는 불완료동사를 쓴다. 동시 동작이기 때문에 문장1과 문장2의 순서가 바뀌어도 의미 변화는 없다. 동시 동작을 표현할 때는 아래와 같이 현재분사구문으로 바꿀 수 있다.

Jedząc śniadanie ojciec czyta gazetę.

(아버지는 아침을 드시면서 신문을 읽으신다.)

= Ojciec je śniadanie czytając gazetę.

(아버지는 신문을 읽으시면서 아침을 드신다.)

접속사 i는 행위의 전후 관계를 나타나는 순차적 동작을 표현할 수도 있다. 이때는 문장1과 문장2에 완료동사를 사용하며, 두 문장의 순서가 바뀌면 사건의 순서가 바뀌고 의미가 달라지기 때문에 문장1과 문장2의 순서를 바꾸면 안된다. 순차적 동작의 i 접속사구문은 아래와 같이 과거분사구문로 바꿀 수 있다.

Wrócił do domu i obejrzał telewizję. (집에 돌아오고, 텔레비전을 봤다.)

문장1 문장2

= Wróciwszy do domu obejrzał telewizję. (집에 돌아온 후 텔레비전을 봤다.)

≠ Obejrzawszy telewizję wrócił do domu. (텔레비전을 본 후 집에 돌아왔다.)

2) **oraz/jak również(그리고, 또한)**

np.) ① Co piątek chodzę na siłownię oraz gram w koszykówkę z kolegami.

(금요일마다 나는 헬스장에 간다. 또한 친구들과 농구를 한다.)

= Co piątek chodzę na siłownię, jak również gram w koszykówkę z kolegami.

= Co piątek chodzę na siłownię, gram w koszykówkę z kolegami.

② Pada deszcz oraz wieje silny wiatr. (비가 오고 또한 강한 바람이 분다.)

= Pada deszcz i wieje silny wiatr.

3) **potem/następnie(다음으로, 그 후에)**

np.) ① Maria weszła do sali, potem włączyła światło.

(마리아는 방으로 들어간 후 등을 켰다.)

= Maria weszła do sali, następnie włączyła światło.

② Agnieszka umyła ręce, potem wytarła je.

(아그니에슈카는 손을 씻은 다음 닦았다.)

= Maria umyła ręce i wytarła je.

4) **więc/dlatego/wobec tego(그래서) - 원인/결과**

np.) ① Pogoda jest brzydka, więc nie idziemy na spacer.

문장1(원인) 문장2(결과)

(날씨가 궂어서 우리는 산책을 가지 않는다.)

= Pogoda jest brzydka, dlatego nie idziemy na spacer.

= Pogoda jest brzydka, wobec tego nie idziemy na spacer.

② Alek uczył się pilnie, więc dostał dobre oceny w szkole.

(알렉은 열심히 공부해서 학교에서 좋은 점수를 받았다.)

= Alek uczył się pilnie, dlatego dostał dobre oceny w szkole.

2. 역접

문장2의 상태나 행위가 문장1의 그것과 반대되거나 대조되는 경우 아래 접속사들을 사용한다.

1) **a, zaś, natomiast(하지만, 그러나, 반면에) - 대조**

np.) ① Joanna jest pracowita, a Piotr jest leniwy.

(요안나는 부지런하지만 피오트르는 게으르다.)

= Joanna jest pracowita, zaś Piotr jest leniwy.

= Joanna jest pracowita, natomiast Piotr jest leniwy.

② Emilia uczy się pilnie, a Jan nie.

(에밀리아는 열심히 공부하지만 얀은 아니다.)

= Emilia uczy się pilnie, a Jan nie.

= Emilia uczy się pilnie, a Jan nie.

2) ale, lecz(문어체), tylko (że), (a) jednak, mimo to
- 문장2가 의미적으로 문장1의 행위를 부정

np.) ① Gosia chciała wyjechać, ale nie wyjechała.
(고시아는 떠나고 싶었지만 떠나지 않았다.)
= Gosia chciała wyjechać, lecz nie wyjechała.
= Gosia chciała wyjechać, jednak nie wyjechała.

② Dorota chciała wyjechała, ale jej ojciec umarł. (i ona jest wyjechała)
(도로타는 떠나고 싶었다. 하지만 그녀의 아버지가 돌아가셨다.(그리고 떠나지 않았다))
, jednak ojciec się sprzeciwiał. (i ona jest wyjechała)
, (하지만 그녀의 아버지가 반대했다. (그리고 떠나지 않았다))

③ Matka obiecała kupić mi smartfon, ale nie miała pieniędzy.
(엄마는 내게 스마트폰을 사주기로 약속했다. 그러나 돈이 없었다.)
= Matka obiecała kupić mi smartfon, tylko że nie miała pieniędzy.

④ Zosia jest ode mnie wyższa, ale ja jestem od niej ładniejsza.
(조시아는 나보다 키가 크지만 나는 그녀보다 예쁘다.)
= Zosia jest ode mnie wyższa, tymczasem ja jestem od niej ładniejsza.

3. 선택

'A이나 B', 'A이거나 B'의 의미로 두 개의 문장이나 구 중 하나를 선택해야 할 경우 사용하는 접속사이다. lub, albo, bądź, czy가 있다. 이 접속사들 앞에는 쉼표를 찍지 않는다.

np.) ① Wieczorami Ona ćwiczyla tańczyć lub śpiewać.
(저녁마다 그녀는 춤을 추거나 노래하는 것을 연습했다.)
= Wieczorami Ona ćwiczyla tańczyć albo śpiewać.
= Wieczorami Ona ćwiczyla tańczyć czy śpiewać.

② Przed południem Darek pracował na farmie lub w leśie.
(오전에 다렉은 농장이나 숲에서 일을 했다.)
= Przed południem Darek pracował na farmie bądź w leśie.

③ Czy musimy iść do babci w czwartek czy w piątek?
(우리는 목요일이나 금요일에 할머니께 가야만 하니?)
= Czy musimy iść do babci w czwartek albo piątek?

'A이거나 B 둘 중 하나'의 의미는 bądź ... bądź, albo ... albo, czy ... czy와 같이 두 개의 접속사를 반복하여 사용할 수 있다. 반복적으로 사용할 경우 두 번째 접속사 앞에 쉼표를 찍는다.

np.) ① Złodzieje weszli **bądź** otwartym oknem, **bądź** zepsutymi drzwiami.
(도둑들은 열린 창문이나 망가진 문으로 들어왔다.)
② Wybieraj! Chcesz iść **albo** z nią, **albo** ze mną?
(선택해! 그녀랑 가고 싶니, 나랑 가고 싶니?)
③ Nie wiem **czy** wolisz kawę, **czy** herbatę?
(나는 네가 커피를 더 좋아하는지, 차를 더 좋아하는지 모르겠어.)

4. 설명(동격)

선행어휘나 문장을 구체적이거나 풀어서 말할 때 사용하는 접속사이다. mianowicie, to jest(tj.), czyli, to znaczy(tzn.), innymi słowy가 있다.

np.) ① W pokoju zebrała się cała rodzina, mianowicie rodzice, brat, siotra i ja.
(가족 전체가 방에 모였다, 즉 부모님, 형, 누나 그리고 나이다.)
= W pokoju zebrała się cała rodzina, to jest rodzice, brat, siotra i ja.
= W pokoju zebrała się cała rodzina, to znaczy rodzice, brat, siotra i ja.

② On się nie spóźniał na rozmowę o pracę, czyli przyszedł o czasie.
(그는 취업 인터뷰에 늦지 않았다, 다시 말해 정시에 도착했다.)
= On się nie spóźniał na rozmowę o pracę, słowem przyszedł o czasie.

II. 상관접속사

1. zarówno A, jak i B (A와 B 둘 다)

np.) ① Interesowała ją zarówno historia polska, jak i kultura.
(그녀는 폴란드 역사와 문화 둘 다 관심이 있었다.)

2. ani A, ani B (A도 B도 아니다) - 13강 이중부정문 참고

np.) ① On nie jest ani bogaty, ani przystojny.
(그는 부자도 아니고 잘생기지도 않았다.)

② Ani nie dzwonił, ani nie pisał SMS-a.
(그는 전화도 하지 않았고 문자도 쓰지 않았다.)

3. nie tylko A, ale także B (A뿐만 아니라 B도)

np.) ① On jest nie tylko przystojny, ale także miły.
(그는 잘생길 뿐만 아니라 착하기도 하다.)

4. im A, tym B (A일수록 B가 더 ~)

np.) ① Im lepsza jakość towarów, tym wyższa ich cena.
(상품의 질이 좋을수록 가격이 더 높다.)

② Im mniejsze ryzyko, tym mniejszy dochód
(위험이 적을수록 수입도 더 적다.)

III. 종속접속사

하나의 절을 다른 하나의 절에 종속시키는 접속사이다. 의미에 따라 원인-결과, 조건, 목적, 시간, 양보구문 등이 있다. 종속접속사 중 가장 많이 쓰이는 że와 żeby는 15강에서, 관계대명사 및 관계부사는 16강에서 따로 다룬다. 여기서는 나머지 종속접속사들을 의미별로 알아보자.

1. 원인/결과(przyczynkowo-skutkowe)

bo, ponieważ, dlatego że 등이 있다. 원인접속사가 이끄는 문장이 종속절로 주절 행위의 원인을 나타낸다.

np.) ① Spóźniłem się 30 minut, bo były korki na drogach.
(길이 막혔기 때문에(교통체증 때문에) 나는 30분 늦었다.)
= Ponieważ były korki na drogach, spóźniłem się 30 minut.

② Dzisiaj Anna nie chodzi do szkoły, bo jest chora.
(안나는 아프기 때문에 오늘 안나는 학교에 가지 않는다.)
= Ania jest chora dlatego, że dzisiaj nie chodzi do szkoły.

2. 조건(warunkowe)

gdyby, jak, jeśli, jeżeli가 있다.

np.) ① Jeśli chcesz być zdrowy, musisz ćwiczyć więcej niż trzy razy w tygodniu.
(만약 네가 건강하고 싶다면 일주일에 3번 이상 운동해야만 한다.)

② Gdyby nie padał deszcz, poszlibyśmy na wycieczkę.
(만약 비가 오지 않았다면 우리는 소풍을 갔을 것이다.)

3. 양보절 (przyzwoleniowe)

choć, chociaż, mimo że 등이 있으며, '비록 ~일지라고, ~더라도, ~하지만, ~임에도 불구하고' 등으로 해석될 수 있다.

np.) ① Choć wiem wszystko, nie mogę powiedzieć.
(비록 모든 것을 알더라도/알지만 나는 말할 수 없다.)

② Mimo że świeci słońce, jest zimno.
(태양이 비치지만 춥다.)

이외의 종속접속사와 관계대명사 또는 관계부사는 다음 15강, 16강에서 자세히 살펴보도록 한다.

함께 풀어봅시다.

문제 1 밑줄 친 부분에 의미에 맞게 접속사를 넣으시오.

1. Nie zdał egzaminu, ... pilnie się uczył.
(비록 많이 공부했지만 그는 시험에 통과하지 못했다.)

2. .... macie czas, chodźcie ze mną do kina!
(너희들 시간있으면 나랑 영화관 가자!)

3. Studenci nie mogą odpowiedzieć, ... nie rozumieją pytania.
(학생들은 질문을 이해하지 못하기 때문에 대답할 수가 없다.)

4. Pójdę na spacer, ... pogoda będzie ładna.
(날씨가 좋을거면 나는 산책을 갈 것이다.)

5. Marek jest przystojny, ... Jan jest brzydki.
(마렉은 잘생겼지만 얀은 못생겼다.)

6. Julia próbuje to załatwiać, ... jej matka się sprzeciwia.
(율리아는 이것을 해결하려고 노력하지만 그녀의 엄마는 반대한다.)

7. Nie mamy pieniędzy, ... nie możemy podróżować.
(우리는 돈이 없어서 여행을 할 수가 없다.)

8. Wszyscy wrócili do tego pokoju, ... studenci i profesorowie.
(모두가, 다시 말해 학생들과 교수들이, 이 방으로 돌아왔다.)

9. Nie wiem jeszcze. Pójdę do teatru .... zostanę w domu.
(아직 잘 모르겠어. 극장에 가거나 집에 있을 거야.)

10. .... Anna kocha swoje dzieci, nie opiekuje się nimi.
(안나는 자신의 아이들을 사랑하지만(사랑함에도 불구하고) 그들을 돌보지 않는다.)

문제 2 다음 두 개의 문장을 접속사를 사용하여 하나의 복문으로 만드시오.

1. Pomagam matce. Jestem zmęczony.
(나는 피곤하지만 엄마를 돕고 있다(나는 비록 피곤하지만 엄마를 돕고 있다).)

→

2. Nie ożenię się. Rodzice się nie zgodzą.
(부모님께서 동의하지 않으시면 저는 결혼하지 않겠습니다.)

→

3. Nie możemy pisać. Nie mamy długopisu.
(우리는 볼펜이 없어서(볼펜을 가지고 있지 않아서) 쓸 수가 없어요.)

→

4. Ona weszła do sklepu. Niczego nie kupiła.
(그녀는 가게에 들어갔지만 아무것도 사지 않았다.)

→

5. Ojciec czyścił pościel. Mył swój samochód.
(아버지는 이불을 빨고 자기 차도 세차했어요.)

→

6. Dwa lata temu on mieszkał w Krakowie. Dobrze zna pana Gabrielskiego.
(그는 2년 전에 크라쿠프에 살아서 가브리엘스키 씨를 잘 안다.)

→

7. W internetowym sklepie spożywczym można kupić taniej kilka rzeczy. Napoje, słodycze, makaron i ryż.
(인터넷 식료품 가게에서 몇 가지 물건을 더 싸게 살 수 있다. 즉, 음료들, 단 것들, 국수 그리고 쌀.)

→

8. Oni byli na spacerze. Padał dużo śniegu.
(눈이 많이 왔음에도 불구하고 그들은 산책 중이었다.)

→

9. Pani chce wiedzieć. Mogę pani powiedzieć.
(당신이 알기를 원하시면 제가 말할 수 있습니다.)

→

10. Ona jest wysoka i szczupuła. On jest niski i tęgi.
(그녀는 키가 크고 날씬하지만 그는 작고 통통하다.)

→

15 복합문 II: 접속사 że와 żeby
Spójniki

두 문장 이상을 하나의 문장으로 연결한 것으로, 문장 내에 술어가 두 개 이상 있는 것을 복합문, 또는 복문이라고 한다. 문장들을 연결할 때에는 접속사가 사용되는데, 두 문장을 대등하게 연결시키는 대등접속사(i, lub, albo, więc, ale, jednak 등)와 하나의 문장이 다른 문장에 종속되게 하는 종속접속사(że, żeby, bo, chociaż 등)가 있다. 이번 강에서는 종속접속사 중에서도 폴란드어에서 가장 많이 사용되는 że와 żeby에 대해 살펴보도록 하자.

I. 접속사 że

접속사 że가 이끄는 종속절은 의미적으로 주절의 주어, 목적어 등 다양한 역할을 한다.

1. 주절의 주어를 대신하거나 보충해 주는 종속절

주절에 주로 다음과 같은 동사들이 사용될 경우 접속사 że가 이끄는 종속절은 주절의 주어 역할을 한다. 이때 주절의 주어를 나타내는 to는 생략 가능하다. 주절에 올 수 있는 문장의 유형은 다양하다.

주절	접속사	유동성 인칭 어미	종속절
일반주술구문 가정법구문 명령법구문 양상표현	że	(-m, -ś, -∅ -śmy, -ście, -∅)	현재, 과거, 미래

bawi / bawiło, ciekawi / ciekawiło
cieszy / cieszyło, denerwuje / denerwowało
dziwi / dziwiło, interesuje / interesowało
martwi / martwiło, nudzi / nudziło

smuci / smuciło, szokuje / szokowało
zastanawia / zastanawiało
złości / złościło

\+ 목적격 (+ to), że ...

okazuje się/okazało się
podoba się/podobało się
przypomina się/przypomniało się

\+ 여격 (+ to), że ...

np.) ① Denerwuje go (to), że dziecko krzyczy.
(아이가 소리치는 것이 그를 화나게 한다.)
= Denerwuje go krzyk dziecka.
② Nudziło nas (to), że Nikt nie mówi na godzinę.
(한 시간 동안 어느 누구도 말하지 않는 것이 우리를 지겹게 했다.)
③ Okazało się, że on był zaskoczony.
(그는 매우 놀란 것처럼 보였다.)

위의 동사 이외에도 아래와 같은 양상표현이 쓰일 경우도 접속사 że가 종속절을 이끈다.

np.) ① (To) Miło, że państwo będą z nami.
(여러분들이 우리와 함께 할 것이라는 것이 좋다.)
② Szkoda, żeście nie przyszli.
(너희들이 오지 않은 것이 안타깝다.)
③ To prawda, że Anna jest mężatką.
(안나가 유부녀라는 것이 사실이다.)
④ Wiadomo, że Profesor Kochanowski zgadzał się.
(코하노프스키 교수님이 찬성했다는 것이 알려졌다.)

c.f.) 그러나 주절이 Nie jest jasne/Nie wiadomo일 때에는 접속사로 czy를 사용한다.

① Nie wiadomo, czy wróciła matka.
(엄마가 오셨는지 알 수가 없다.)

② Nie jest jasne, czyście wrócili.
(너희들이 돌아왔는지 명확치 않다.)

2. 주절의 목적어나 보충어 역할을 하는 경우

접속사 że가 이끄는 종속절은 주절의 목적어 역할을 하며, 의문사 kogo, czego?, komu, czemu?, kogo, co?, o kim, o czym?에 대한 대답에 해당한다.

주절	접속사	유동성 인칭 어미	종속절
일반주술구문 가정법구문 명령법구문 - no/-ono/-to의 무인칭구문	że	(-m, -ś, -∅ -śmy, -ście, -∅)	현재, 과거, 미래

np.) ① Czuję, że robi się ciepło.
(나는 따뜻해지는 것을 느끼고 있다.)

② Myślę, że wtedy Piotr był bardzo smutny.
(나는 그때 피오트르가 아주 슬펐을 것이라고 생각한다.)

③ Marek przypuszczał, że matka już wróciła.
(마렉은 엄마가 이미 돌아오셨을 거라고 추측했다.)

3. 원인이나 결과를 나타내는 종속절

종속절이 의미적으로 주절에 나타나는 행위의 원인이나 결과를 표현한다.

1) 원인

np.) ① Ojciec cieszy się, że córka wróciła.
(아버지는 딸이 돌아와서 기쁘다.)

② Tomek martwił się, że jego żona jest chora.
(토멕은 그의 아내가 아픈 것을 걱정했다.)

2) 결과

종속절이 주절의 결과를 나타낼 때에는 주절에는 tak이라는 어휘를 덧붙인다.

np.) ① Była tak zdolna, że skończyła studia szybko.
(그녀는 매우 영리해서 학업을 빨리 끝냈다.)
② Pracował tak ciężko, że zdobył dużo pieniędzy.
(그는 아주 힘들게 일해서 많은 돈을 모았다.)

II. 접속사 żeby

1. 부탁, 바람, 명령, 제안을 표현하는 종속절

주절에 부탁, 바람, 명령, 제안 충고 등을 알리는 표현이 쓰일 때에는 종속절을 이끄는 접속사로 żeby를 사용하며, 이는 주절의 목적어 역할을 주로 한다. 주절은 일반적인 주술구문뿐만 아니라 가정법, 명령법구문, 양상동사구문 또는 -no/-ono/-to의 무인칭구문도 사용하기도 한다. 종속절을 이끄는 접속사 żeby 대신 aby, ażeby, by를 써도 의미는 동일하다. 종속절은 3인칭 단수 또는 복수 과거형을 쓰며, 접속사에 유동성 인칭 어미를 덧붙임으로써 종속절 주어의 인칭을 표현한다.

주절	접속사	유동성 인칭 어미	종속절
1) 일반주술구문 가정법구문 명령법구문 양상동사구문 - no/-ono/-to의 무인칭구문	żeby aby ażeby by	-m, -ś, -∅ -śmy, -ście, -∅	3인칭 과거 단수 3인칭 과거 복수
2) 일반주술구문 양상동사구문 - no/-ono/-to의 무인칭구문		-	동사원형 - no/-ono/-to의 무인칭구문

np.) 1) 일반주술구문

① Ojciec prosił, żebym kupił chleb.
(아버지는 내게 빵을 살 것을 부탁했다.)
② Matka pragnęła, żeby córka studiowała pilnie.
(어머니는 딸이 열심히 공부하기를 바랐다.)

2) 가정법, 명령법 구문

① Profesor chciałby, żebyśmy pilnie studiowali.
(교수님은 우리가 열심히 공부하는 것을 바라신다.)
② Poproś tę panią, żeby otworzyła okno.
(이 여성분께 창문을 열어달라고 부탁해라!)

3) 양상동사 또는 무인칭구문

① Trzeba, żeby dziecko poszło już spać.
(아이가 이미 잠자러 갔어야만 한다.)
② Poproszono mnie, żebym kupił czasopismo tygodniowe.
(내게 주간 잡지를 사올 것을 요청했다.)

만약 주절과 종속절의 주어가 동일하다면 종속절은 동사원형구문 또는 -ano/-ono/-to의 무인칭구문으로 쓸 수 있으며, 이때는 주절을 주어가 나타나는 주술구문으로 표현하거나 양상동사 또는 무인칭구문을 쓸 수 있다. 여기서 주어의 부탁이나 제안을 받는 대상은 명확하게 표현되지 않는다.

np.) Ojciec prosi, żeby kupić gazetę/kupiono gazetę.
(아버지는 신문을 사올 것을 부탁하신다.)

2. 목적을 나타내는 종속절

주절에서 말하는 목적을 종속절에서 표현한다. 주로 Po co(왜)? 또는 W jakim celu?(무슨 목적으로)의 의문사로 질문했을 때 종속절의 내용이 대답이 될 수 있다.

np.) 질문: Mamo, po co ojciec tak ciężko pracuje?
(엄마, 아빠는 왜 그렇게 힘들게 일하세요?)
대답: Ojciec pracuje ciężko, żeby zarabiał na was
= Żeby zarabiał na was, ojciec pracuje ciężko.
(아버지는 너희들을 부양하기 위해 힘들게 일하신다.)

주절은 앞선 부탁, 바람, 명령, 제안의 용법과 마찬가지로 일반 주술구문, 가정법, 명령법 구문, 양상동사구문 및 -no, -ono, -to의 무인칭구문이 사용되며, 종속절은 3인칭 단수 또는 복수 과거형을 쓰고, 접속사에 유동성 인칭 어미를 덧붙임으로써 종속절 주어의 인칭을 표현한다. 한국어로 '~(있)도록', 또는 '~하기 위해'로 해석될 수 있다.

np.) ① Pożyczył mi pieniądze, żebym mógł kupić samochód.
(그는 내가 차를 살 수 있도록 내게 돈을 빌려주었다.)
② Ucz się pilnie, żebyś zdobył dobry zawód.
((네가) 좋은 직업을 얻기 위해 열심히 공부해라!)
③ Pracowano cieżko, żeby matka wychowała dobrze syna.
(엄마가 아들을 잘 양육하기 위해 열심히 일했다.)

또한 종속절의 주어가 주절의 주어와 동일하다면 주절을 주어가 나타나는 주술구문으로 표현하거나 양상동사 또는 무인칭구문을 쓰고 종속절은 동사원형구문으로 표현할 수 있다.

np.) ① Wyjeżdżamy do Warszawy, żeby studiować.
(우리는 공부하기 위해 바르샤바로 떠난다.)
② Trzeba uczyć się pilnie, żeby zdobyć dobry zawód.
(좋은 직업을 얻기 위해 열심히 공부해야 한다.)
③ Pracowano ciężko, żeby zarobić pieniądze i dobrze wychować dzieci.
(돈을 벌고, 아이들을 잘 양육하기 위해 힘들게 일을 했다.)

3. 걱정, 의심, 부정을 나타내는 종속절

주절에는 아래와 같이 걱정, 의심, 부정의 의미를 나타내는 동사를 사용한다.

bać się (두려워하다)
(z)martwić się (걱정하다)
nie przypuszczać (추측할 수 없다)
nie sądzić (생각하지 않다, 판단하지 않다)
nie spodziewać się (기대하지 않다, 바라지 않다)
nie wyobrażać sobie (생각하지 않다, 가정하지 않다)
sprzeciwiać/sprzeciwić się (개의치 않다)
(z)wątpić (의심하다)

문형은 앞선 두 가지 의미의 종속절과 동일하다.

np.) ① Matka martwi się, żeby córka nie spóźniła się na wykład.
(엄마는 딸이 강의에 늦지 않을까 걱정하신다.)
② Sprzeciwiano się, żebyście mówili po polsku.
(너희들이 폴란드어로 말하더라도 개의치 않았다.)
③ Nie przypuszczam, żeby Tomek się spóźnił.
(나는 토멕이 늦을 것을 짐작할 수 없다.)

"Nie+동사 ~, żeby 종속절 "의 부정문을 긍정문으로 바꿀 때 접속사는 że로 바꿔준다.

np.) Nie myślę, żeby Magda była elegancka.
→ Myślę, że Magda jest elegancka.

함께 풀어봅시다.

문제 1 접속사 żeby를 알맞은 유동성 인칭 어미와 결합시키시오.

np.) Chciała, żebyśmy razem spędzili wakacje. (my)

1. Prosił ich, ... przynieśli album.

2. Zaproponowali wam, ... pojechali do Zakopanego.

3. Prosił mnie, ... uczyła się z nim języka angielskiego.

4. Powiedział jej, ... czekała na niego.

5. On chciał, ... oni przyszli o piątej.

6. Rób zawsze tak, ... była z siebie zadowolona.

7. Proszę cię, ... uważnie słuchał

8. Chcieli, ... (ja) im pokazał zamek.

9. Chciały, ... on już zjadł kolację.

10. Radzili wam, ... wyjechali wcześnie.

11. Kupiłem tę książkę, ... wysłać koledze.

12. Przyszły twoje koleżanki, ... powiedziały o zebraniu.

13. Poszliście do biblioteki, ... pożyczyć książki.

14. Prosiłem ich, ... zagrali w piłkę nożną.

15. Przyjdźcie wcześnie, ... zdążyli na obiad.

문제 2 다음 긍정문을 부정문으로 바꾸시오.

np.) Wydaje mi się, że on ma rację.
→ Nie wydaje mi się, żeby on miał rację.

1. Sądzę, że przyjadę przed południem.
→ ....

2. Myślę, że one wam pomogą.
→ ....

3. Uważam, że Piotr jest przystojny.
→ ....

4. Obawiam się, że przyjdzie do domu pijany.
→ ....

5. Możliwe, że skończymy zajęcia w marcu.
→ ....

6. Przypuszczam, że spotkamy się za tydzień.
→ ....

7. Wierzymy, że w następnym miesiącu do nas wrócisz,
→ ....

8. Sądzę, że wyjedziemy nad rzekę.

→ ....

9. Boję się, że się we mnie zakocha.

→ ....

10. Wydaje mi się, że on mówił szczerze.

→ ....

16 복합문 III: 관계대명사
Zaimek względny

두 개의 단문을 하나의 복문으로 만들 때 사용되는 접속사에는 일반 접속사 이외에 관계대명사가 있다. 또한 대부분의 의문대명사가 관계대명사로 사용된다. 가장 많이 사용되는 것은 który, co, kto가 있고, 관계부사로 kiedy, gdzie 등도 있다. 관계대명사는 형용사처럼 변화하며, 성과 수는 주절에 있는 선행사와 일치시키고 격은 종속절에서 선행사가 어떤 역할을 하느냐에 따라 결정된다.

폴란드어의 관계사는 완전한 문장인 주절에 속해 있는 한 선행사의 의미를 확장시켜주는 확장적(rozwijające) 용법과 종속절이 주절의 부족한 한 문장 성분의 역할을 하는 보충적(uzupełniające) 용법으로 나눌 수 있다.

◉ 확장적 용법

Budynek, do którego weszli, był całkiem odnowiony.

그들이 들어갔던 건물은 완전히 복원되었다. (주절의 주어한정)

◉ 보충적 용법

Był dla nas tym, czym starszy brat dla rodzeństwa.

가족들에게 큰 형처럼 그는 우리에게 그랬다. (주절의 술어역할)

I. Który

관계대명사 który는 주절 내의 주어나 목적어 등의 한 요소의 의미를 더욱 구체화하거나 한정짓는 역할을 하는 확장적 용법으로 쓰인다. 제 7강. 분사 II - 형용사적 분사(Imiesłowy przymiotnikowe)에서 간단히 살펴보았다. 여기서 Który의 형태와 그 쓰임에 대해 더욱 자세히 살펴보기로 한다.

	단수			복수	
	남성	여성	중성	남자명사	비남자명사
주격	który	która	które	którzy	które
소유격	którego	której	którego	których	których
여격	któremu	której	któremu	którym	którym
목적격	którego / który	którą	które	których	które
기구격	którym	którą	którym	którymi	którymi
장소격	o którym	o której	o którym	o których	o których

문장1> Tu mieszkają studenci. 여기에 학생들이 산다.

문장2> Oni przyjechali z Ameryki. 그들은 미국에서 왔다.

→ Tu mieszkają studenci, którzy przyjechali z Ameryki.

여기에는 미국에서 온 학생들이 산다.

두 문장에서 중복되는 부분은 문장1>의 주어인 studenci와 문장2>의 주어인 Oni이다. 두 문장을 한 문장으로 만들면서 중복되는 부분은 관계대명사로 바꾸면 된다. 다시 말해 문장1>을 선행사인 studenci를 갖는 주절로 두고, 문장2>를 관계대명사 który가 이끄는 종속절로 만든다. 이때 주의해야 할 것은 który의 형태를 결정하기 위해 우선 선행사의 수를 확인하고 이 선행사가 종속절에서 어떤 역할을 하는지 살펴봐야 한다. studenci의 수는 남자 복수이며, 종속절에서 주어 역할을 하므로 종속절을 이끄는 관계 대명사는 którzy가 되는 것이다. 복잡한 듯하지만 순서대로 다시 한 번 정리해 보자.

① 두 문장에서 중복된 단어를 확인한다.

② 선행사가 될 부분과 관계대명사로 표현할 부분을 결정한다.

③ 선행사의 성과 수를 확인한다.

④ 선행사가 종속절에서 어떤 역할을 하는지 확인한다.
(어떤 격으로 표현되어야 하는지 확인)

⑤ 관계대명사의 형태를 결정한다.

np.) ① To jest człowiek, który umie prowadzić samochód.
(이 사람은 차를 운전할 줄 아는 사람이다.)

② Problemy, o których rozmawialiśmy, są, były i będą niełatwo.
(우리가 얘기했던 문제들은 쉽지 않았고 쉽지 않을 것이다.)

③ Przy stole siedzi dziewczyna, która ma zielone oczy.
(초록색 눈을 가진 소녀가 책상 옆에 앉아 있다.)

④ Przyjechałem tym samym tramwajem, którym jechałem przedwczoraj.
(나는 그저께 탔던 것과 같은 전차로 왔다.)

⑤ To jest moja przyjaciółka, bez której pomocy nie skonczyłabym tej pracy.
← To jest moja przyjaciółka. Bez jej pomocy nie skonczyłabym tej pracy.
(이 사람은 나의 친한 친구이며, 그녀의 도움 없이는 이 일을 끝낼 수 없었을 것이다.)

⑥ Podaj mi czasopismo, które leży przed tobą.
(네 앞에 있는 잡지를 내게 줘!)

⑦ Ludzie, którzy odpowiedzą na pytanie, mogą opuścić pokój.
(질문에 대답한 사람들은 방을 떠날 수 있다.)

영어와 달리 폴란드어에서 전치사와 관계대명사는 분리할 수 없고, 반드시 전치사는 관계대명사 앞에 놓여야 한다.

II. co, kto?

który와 마찬가지로 격은 주절의 선행 어휘나 전체의 내용이 종속절에서 어떤 격으로 표현되어야 하는지에 따라 결정된다.

주격	kto	co
소유격	kogo	czego
여격	komu	czemu
목적격	kogo	co
기구격	kim	czym
장소격	o kim	o czym

np.) 1) 확장적 용법

① Marek zdał egzamin, co bardzo cieszyło matkę.

(마렉은 엄마를 매우 기쁘게 했던 시험을 통과했다.)

② Matka narzeka na serce, czym się wszyscy martwiliśmy.

(엄마는 우리 모두가 걱정했던 심장에 대해 불평한다.)

2) 보충적 용법

① Coś się dzieje, nic nas (to) nie obchodzi.

(무슨 일이 일어나든지 우리는 전혀 개의치 않겠다.)

② Kto uczy się cały miesiąc, (ten) nie boi się egzaminu końcowego.

(한달 내내 공부한 사람은 기말 시험이 두렵지 않다.)

③ Zrobimy (to), co zechesz.

(네가 하고 싶어하는 것을 우리가 할 것이다.)

III. kiedy, gdzie

폴란드어에서 의문부사는 관계부사로도 사용된다. 형태가 변하지 않는 관계부사이지만 그 종류가 많지 않기 때문에 관계대명사와 함께 다루기로 한다. 선행사로 장소나 시간을 의미하는 어휘가 올 때 종속절을 이끄는 접속사로 gdzie(장소), kiedy(시간)를 사용한다.

문장1> Wakacje spędziłam nad morzem. 문장2> Była tam świetna pogoda.
→ Wakacje spędziłam nad morzem, gdzie była świetna pogoda.
(나는 날씨가 화창했던 바닷가에서 방학을 보냈다.)

np.) ① Lech Kowalski pojechał do Kanady, gdzie jego siostra mieszka.
(레흐 코발스키는 그의 여동생이 살고 있는 캐나다로 갔다.)

② Urodziłam się w Zakopanem, gdzie spędziłam najpiękniejsze lata swego życia.
(나는 내 생애에서 가장 아름다운 시간을 보낸 자코파네에서 태어났다.)

③ Maria jest w Niemczech, gdzie pracuje jako nauczycielka.
(마리아는 선생님으로 일하는 독일에 있다.)

④ Pojedziemy do naszego starego domu, gdzie urodził się mój ojciec.
(우리는 내 아버지가 태어났던 우리의 옛날 집으로 갈 것이다.)

⑤ Byłem na wsi, gdzie powietrze jest lepsze niż w mieście,
(나는 도시에서보다 공기가 더 좋은 시골에 있었다.)

⑥ Lata pięćdziesiąte, kiedy panował głód w całym kraju, już nigdy nie wrócą.
(굶주림이 나라 전체를 지배하던 50년대가 다시는 돌아오지 않을 것이다.)

⑦ Zapomnieliśmy czasy, kiedy chodziliśmy do szkoły.
(우리는 학교에 갈 시간을 잊어버렸다.)

함께 풀어봅시다.

문제 1 다음 두 개의 문장을 관계대명사, 관계부사가 있는 한 개의 복문으로 만드세요.

1. Znam człowieka. On umie na pamięć całego “Pana Tadeusza”.
   →

2. Mój znajomy załatwił tę sprawę. Byłem na wczasach z nim.
   →

3. Zobaczył kibiców. Oni przeszli ulicami miasta.
   →

4. Nie chciała pojechać do tego budynku. Jej mąż też nie pojechał tam.
   →

5. Wczoraj cała rodzina zjechała się do domu ojca. W tym dniu mój brat wrócił z Paryża.
   →

6. Tomek odwiedził Marię. Ona tak go polubiła.
   →

7. Zrobię to. Każesz to.
   →

8. Dom był odnowiony. Oni weszli do tego domu.
   →

9. Pamiętam ten dziwny dzień. Tego dnia poszłam po raz pierwszy do pracy.
   →

10. Mógł sobie przypomnieć to zdarzenie. To mnie trochę zdziwiło.
   →

폴란드어 문법

연습문제 정답

제1부

제4강

문제 1. trudny - 어려운, trudna, trudne, ciepły - 따뜻한, ciepła, ciepłe, lekki - 가벼운, lekka, lekkie, łatwy - 쉬운, łatwa, łatwe, zimny - 추운; 차가운, zimna, zimne, ciężki - 무거운, ciężka, ciężkie, wesoły - 명랑한, 활발한, wesoła, wesołe, gorący - 뜨거운, 더운, gorąca, gorące, daleki - 먼, daleka, dalekie, smutny - 슬픈, smutna, smutne, chłodny - 시원한, 선선한, chłodna, chłodne, bliski - 가까운, bliska, bliskie, duży - 커다란; 큰, duża, duże, ładny - 예쁜, ładna, ładne, brzydki - 못생긴; 추한, brzydka, brzydkie, mały - 작은, mała, małe, piękny - 아름다운, piękna, piękne, drogie - (값)비싼, 친애하는, droga, drogie, ciekawy - 흥미로운; 재미있는, ciekawa, ciekawe, miły - 선량한, miła, miłe, wielki - 큰; 위대한, wielka, wielkie, nudny - 지루한, nudna, nudne, zmęczony - 피곤한, zmęczona, zmęczone, angielski - 영국의; 영어의, angielska, angielskie, bogaty - 부유한, bogata, bogate, wolny - 자유의; 자유로운, wolna, wolne, francuski - 프랑스(어)의, francuska, francuskie, biedny - 가난한, biedna, biedne, gruby - 뚱뚱한, gruba, grube, niemiecki - 독일(어)의, niemiecka, niemieckie, biały - 하얀, biała, białe, szczupły - 날씬한; 가느다란, szczupła, szczupłe, polski - 폴란드(어)의, polska, polskie, czarny - 검은, czarna, czarne, znany - 잘 알려진, znana, znane, koreański - 한국(어)의, koreańska, koreańskie, czerwony - 빨간, czerwona, czerwone, zdrowy - 건강한, zdrowa, zdrowe, chiński - 중국(어)의, chińska, chińskie, zielony - 초록색의, zielona, zielone, chory - 아픈, chora, chore, japoński - 일본(어)의, japońska, japońskie, brązowy - 갈색의, brązowa, brązowe, łysy - 대머리의, łysa, łyse, niebieski - 하늘색의, niebieska, niebieskie

문제 2. 1. wysoki 2. mądry 3. dobra 4. znany 5. czyste 6. długa 7. stare

문제 3. 1. a) Tak, to jest Adam. b) Nie, to nie jest Adam.
2. a) Tak, to jest powieść. b) Nie, to nie jest powieść.
3. a) Tak, to jest dobry film. b) Nie, to nie jest dobry film.
4. a) Tak, to jest Lech Wałęsa. b) Nie, to nie jest Lech Wałęsa.
5. a) Tak, to jest drogie pióro. b) Nie, to nie jest pióro.

문제 4. 1. Jaki 2. Jaka 3. Co 4. Czyj 5. Kto 6. Które 7. Kto 8. Jaka 9. Czyja

10. Który

제5강

문제 1. czekać - czekam, czekasz, czeka, czekamy, czekacie, czekają. rozmawiać - rozmawiam, rozmawiasz, rozmawia, rozmawiamy, rozmawiacie, rozmawiają. gniewać się - gniewam się, gniewasz się, gniewa się, gniewamy się, gniewacie się, gniewają się. kochać - kocham, kochasz, kocha, kochamy, kochacie, kochają. siadać - siadam, siadasz, siada, siadamy, siadacie, siadają. kochać się - kocham się, kochasz się, kocha się, kochamy się, kochacie się, kochają się. mieszkać - mieszkam, mieszkasz, mieszka, mieszkamy, mieszkacie, mieszkają. słuchać - słucham, słuchasz, słucha, słuchamy, słuchacie, słuchają. nazywać się - nazywam się, nazywasz się, nazywa się, nazywamy się, nazywacie się, nazywają się. narzekać - narzekam, narzekasz, narzeka, narzekamy, narzekacie, narzekają. śpiewać - śpiewam, śpiewasz, śpiewa, śpiewamy, śpiewacie, śpiewają. spotykać się - spotykam się, spotykasz się, spotyka się, spotykamy się, spotykacie się, spotykają się. oglądać - oglądam, oglądasz, ogląda, oglądamy, oglądacie, oglądają. odpoczywać - odpoczywam, odpoczywasz, odpoczywa, odpoczywamy, odpoczywacie, odpoczywają. pytać się - pytam się, pytasz się, pyta się, pytamy się, pytacie się, pytają się. pamiętać - pamiętam, pamiętasz, pamięta, pamiętamy, pamiętacie, pamiętają. witać - witam, witasz, wita, witamy, witacie, witają. ubierać się - ubieram się, ubierasz się, ubiera się, ubieramy się, ubieracie się, ubierają się. przepraszać - przepraszam, przepraszasz, przeprasza, przepraszamy, przepraszacie, przepraszają. znać - znam, znasz, zna, znamy, znacie, znają. znać się - znam się, znasz się, zna się, znamy się, znacie się, znają się.

문제 2. chwalić (się) - chwalę (się), chwalisz (się), chwali (się), chwalimy (się), chwalicie (się), chwalą (się). cieszyć się - cieszę się, cieszysz się, cieszy się, cieszymy się, cieszycie się, cieszą się. kłócić się - kłócę się, kłócisz się, kłóci się, kłócimy się, kłócicie się, kłócą się. liczyć - liczę, liczysz, liczy, liczymy, liczycie, liczą. nudzić się - nudzę się, nudzisz się, nudzi się, nudzimy się, nudzicie się, nudzą się. śpieszyć się - śpieszę się, śpieszysz się, śpieszy się, śpieszymy się, śpieszycie się, śpieszą się. palić - palę, palisz, pali, palimy, palicie, palą. tańczyć - tańczę, tańczysz, tańczy, tańczymy, tańczycie, tańczą. prowadzić - prowadzę, prowadzisz, prowadzi, prowadzimy, prowadzicie, prowadzą. tłumaczyć - tłumaczę, tłumaczysz, tłumaczy, tłumaczymy, tłumaczycie, tłumaczą. uczyć się - uczę się, uczysz się, uczy się, uczymy się, uczycie się, uczą się. siedzieć - siedzę, siedzisz, siedzi, siedzimy, siedzicie, siedzą. wierzyć - wierzę, wierzysz, wierzy, wierzymy, wierzycie, wierzą. widzieć - widzę, widzisz, widzi, widzimy, widzicie, widzą. życzyć - życzę, życzysz, życzy, życzymy, życzycie, życzą. woleć - wolę, wolisz, woli, wolimy, wolicie, wolą. myśleć - myślę, myślisz, myśli, myślimy, myślicie, myślą. patrzeć się - patrzę się, patrzysz się, patrzy się, patrzymy się, patrzycie się, patrzą się. słyszeć - słyszę, słyszysz, słyszy, słyszymy, słyszycie, słyszą. krzyczeć - krzyczę, krzyczysz, krzyczy, krzyczymy, krzyczycie, krzyczą. leżeć - leżę, leżysz, leży, leżymy, leżycie, leżą.

문제 3. dzwonić - dzwonię, dzwonisz, dzwoni, dzwonimy, dzwonicie, dzwonią. lubić - lubię, lubisz, lubi, lubimy, lubicie, lubią. wątpić - wątpię, wątpisz, wątpi, wątpimy, wątpicie, wątpią. bawić się - bawię się, bawisz się, bawi się, bawimy się, bawicie się, bawią się. martwić się - martwię się, martwisz się, martwi się, martwimy się, martwicie się, martwią się. żenić się - żenię się, żenisz się, żeni się, żenimy się, żenicie się, żenią się.

제6강

문제 1. 1. tego człowieka 2. ciekawą powieść 3. nudny film 4. stare muzeum 5 moją siostrę 6. mojego ojca 7. czerwone wino 8. piękny kapelusz 9. dobrą żonę 10. zimne piwo 11. małego psa 12. Kogo 13. Co 14. piłkę nożną 15. twój list

문제 2. 1. ciebie 2. ich 3. ją 4. mnie 5. was 6. nie 7. niego 8. go 9. nią 10. mnie

문제 3. 1. Którą 2. Jaki 3. Czyj 4. Jaką 5. Jakiego 6. czyją 7. czyją 8. Jaki 9. którego 10. Jakie

제7강

문제 1. 1. Nie znam tego człowieka.
2. Ewa nie czyta ciekawej powieści.
3. Marek nie ogląda nudnego filmu.
4. Nie zwiedzamy starego muzeum.
5. Czy nie kochasz mojej siostry?
6. Nie lubię czerwonego wina.
7. Ojciec nie kupuje pięknego kapelusza.
8. Nie mam dobrej żony.
9. Brat nie ma małego psa.
10. Kogo nie kochasz?
11. Czego nie lubisz?
12. Nie kocham jej.
13. Nie widzę go / ich.
14. Nie mamy ochoty na zimne piwo.
15. Nie czekacie na ten autobus.

문제 2. 1. małego dziecka 2. mojego kolegi 3. języka polskiego 4. tego egzaminu 5. starego radia 6. mojego klucza 7. wody mineralnej 8. taniego komputera 9. mojego syna 9. dobrego ucznia 10. mojej matki 11. cytryny 12. Czego 13. kogo 14. soli 15. cukru 16. czasu 17. Adama 18. Ewy 19. Polski 20. Seulu

문제 3. 1. Której 2. którego 3. Jakiego 4. Którego (Jakiego) 5. Czyjego 6. jakiej 7. którego 8. Jakiego 9. Czyjej 10. Czyje

제8강

문제 1. 1. dobrym studentem 2. miłą matką 3. znanym aktorem 4. polskim jedzeniem 5. tym krajem 6. stolicą Korei 7. pociągiem 8. samochodem 9. małym stołem 10. bankiem 11. Markiem i Joanną 12. tą nauczycielką 13. wysokim Koreańczykiem 14. ładną Koreanką 15. niskim Polakiem 16. szczupłą Polką 17. łyżeczką i widelcem 18. kim 19. Czym 20. Jakim ołówkiem

문제 2. 1. tobą 2. mną 3. nimi 4. nią 5. nim 6. nami 7. wami, mną 8. nimi 9. tobą 10. nim

문제 3. 1. tymi dziećmi 2. miłymi przyjaciółmi 3. swoimi braćmi 4. moimi profesorami 5. chorymi ludźmi 6. Jakimi palcami 7. pilnymi studentami 8. trudnymi językami 9. ładnymi dziewczynami 10. mądrymi chłopcami

제9강

문제 1. 1. w domu 2. na mieszkaniu 3. w szkole 4. na uniwersytecie 5. w restauracji 6. w kawiarni 7. w sklepie 8. w mieście 9. na targu 10. w Polsce 11. w Korei 12. w Arabie 13. w Seulu 14. w Warszawie 15. w Rynku 16. w kinie 17. w teatrze 18. w pokoju 19. w muzeum 20. w hotelu

문제 2. 1. pięknej pogodzie 2. tej szafie 3. naszym akademiku 4. dalekiej podróży 5. tamtym stole 6. miłej studentce 7. was 8. tobie 9. nich 10. nim 11. grudniu 12. czerwcu 13. szóstej 14. jakiej wsi 15. czym 16. kim 17. którym piętrze 18. której godzinie 19. całym świecie 20. obiedzie

문제 3. 1. dawnych czasach 2. czyich pokojach 3. wysokich górach 4. tych ludziach 5. tamtych dniach 6. dzisiejszych problemach 7. moich przyjaciołach 8. swoich rodzicach 9. Czechach 10. Niemczech

제10강

문제 1. 1. Komu 2. mojej matce 3. temu dziecku 4. dobremu nauczycielowi 5. panu Piotrowi 6. naszej babci 7. mojemu sąsiadowi 8. któremu kotu 9. drogim zegarkom 10. chorym dzieciom

문제 2. 1. tobie 2. jej 3. mi 4. im 5. wam 6. nam 7. mu 8. ci 9. mi 10. mnie

제11강

문제 1. 1. trudne egzaminy 2. małe samochody 3. dobre nauczycielki 4. stare muzea 5. drogie ołówki 6. znane kościoły 7. chore zwierzęta 8. moje parasole 9. dzisiejsze gazety 10. smutne wiadomości 11. wygodne mieszkania 12. piękne dziewczyny 13. wierne psy 14. odważne panie 15. deszczowe dni(e) 16. świeże chleby 17. czarne oczy 18. wody mineralne 19. czyste ręce 20. jasne pokoje

문제 2. 1. mili sąsiedzi 2. wysocy bracia 3. ci inżynierzy 4. przystojni Koreańczycy

5. moi przyjaciele 6. mądrzy mężczyźni 7. weseli ludzie 8. smutni warszawianie 9. dobrzy księża 10. znajomi urzędnicy 11. łysi koledzy 12. grzeczni uczniowie 13. jacy panowie 14. bliscy kuzyni (kuzynowie) 15. młodzi nauczyciele 16. ostatni synowie 17. zdrowi żołnierze 18. tędzy Włosi 19. szczupli ojcowie 20. znani poeci

제12강

문제 1. 1. Nie kupuję ciekawych książek.

2. Nie oglądam nudnych filmów.

3. Nie mam dwóch małych psów.

4. Nie znam polskich piosenek.

5. Nie jem świeżych jabłek.

6. Nie widzę twoich dzieci.

7. Nie spotykam miłych studentów.

8. Nie zwiedzam starych muzeów.

9. Nie piszę długich zdań.

10. Nie daję koleżance nowych toreb.

문제 2. 1. starszych braci 2. dobrych nauczycieli 3. moich sąsiadów. 4. miłych kolegów. 5. jej rodziców 6. tych ludzi 7. małych chłopców 8. naszych znajomych 9. wesołych synów 10. wysokich przyjaciół

제13강

문제 1. 1. dwie matki 2. dwaj ojcowie / dwóch ojców 3. troje dzieci 4. trzy koty 5. czterej bracia / czterech braci 6. cztery zdania 7. pięć długopisów 8. pięciu uczniów 9. pięć uczennic 10. siedem jezior

문제 2. 1. W moim domu są trzy ptaki.

2. W kawiarni siedzi tylko jedna kobieta.

3. Mam dwie godziny.

4. Dwaj panowie czekają na tasówkę. / Dwóch panów czeka na tasówkę.

5. Mam dwadzieścia lat.

문제 3. 1. dwa tysiące trzynasty (rok) / dwa tysiące trzynastego roku, w dwa tysiące trzynastym roku 2. dwa tysiące drugi (rok) / dwa tysiące drugiego roku, w dwa tysiące drugim roku 3. tysiąc dziewięćset osiemdziesiąty siódmy (rok)

/ tysiąc dziewięćset osiemdziesiątego siódmego roku, w tysiąc dziewięćset osiemdziesiątym siódmym roku 4. tysiąc siedemset jedenasty (rok) / tysiąc siedemset jedenastego roku, w tysiąc siedemset jedenastym roku 5. dziewięćset dziewięćdziesiąty szósty (rok) / dziewięćset dziewięćdziesiątego szóstego roku, w dziewięćset dziewięćdziesiątym szóstym roku

문제 4. 1. szósta 2. wpół do dwunastej 3. za dziesięć trzecia 4. kwadrans (piętnaście) po ósmej 5. o drugiej

제14강

문제 1. 1. 나쁜, gorszy, najgorszy 2. 곧은, 단순한, prostszy, najprostszy 3. 젊은, młodszy, najmłodszy 4. 가벼운, lżejszy, najlżejszy 5. 무거운, cięższy, najcięższy 6. 키 큰, 높은, wyższy, najwyższy 7. 재미있는, ciekawszy, najciekawszy 8. 조용한, ciszy, najciszy / bardziej cichy, najbardziej cichy 9. 아픈, bardziej chory, najbardziej chory 10. 큰, większy, największy 11. 천천히, wolniej, najwolniej 12. 딱딱하게, twardziej, najtwardziej 13. 깊게, głębiej, najgłębiej 14. 비싸게, drożej, najdrożej 15. 무겁게, ciężej, najciężej 16. 쉽게, łatwiej, najłatwiej 17. 짧게, krócej, najkrócej 18. 나쁘게, gorzej, najgorzej 19. 가깝게, bliżej, najbliżej 20. 명랑하게, weselej, najweselej / bardziej wesoło, najbardziej wesoło

문제 2. 1. Myślę, że język polski jest najtrudniejszy na świecie.

2. Korea jest jednym z najładniejszych krajów.
3. Biegnę najszybciej w mojej klasie.
4. Ta podróż była najbardziej zmęczona ze wszystkich, jakie ostatnio zrobiłem.
5. Mówisz najlepiej po polsku ze wszystkich studentów.
6. Jestem mądrzejszy(a) niż młodszy brat /
   Jestem mądrzejszy(a) od młodszego brata.
7. Moja starsza siotra jest ładniejsza niż ja /
   Moja starsza siostra jest ładniejsza ode mnie.
8. Dzisiaj jest zimniej niż wczoraj.
9. Mam coraz mniej czasu.
10. Dzisiaj wykład jest dłuższy niż zwykle.

제15강

문제 1. 1. Byłem znanym malarzem.
2. Julia była bardzo wesoła.
3. Czy państwo byli już w Seulu?
4. Studiowaliśmy (studiowałyśmy) medycynę.
5. Jadłem (jadłam) smaczne kanapki.
6. Nie miałem (miałam) czasu.
7. Leo miał dobry samochód.
8. Szliśmy (szłyśmy) na koncert.
9. Moja żona brała witaminę C.
10. Kto widział ten film?
11. Studenci musieli zdać ten egzamin.
12. Dziecko mogło to pić.
13. Właśnie myślałem (myślałam) o tobie.
14. Ci robotnicy pracowali w tej fabryce.
15. Moja koleżanka dobrze śpiewała.
16. Dziecko spokojnie spało.
17. Nauczyciel długo pisał.
18. Czy podobał ci się ten obraz?
19. Ten płaszcz leżał na tym krześle.
20. Studecni wzięli wakacja.

제16강

문제 1. 1. Będę czytać (będę czytał(a)) ciekawą książkę.
2. Czy będziesz pisać (będziesz pisał(a)) list do kolegi?
3. Gdzie pan będzie mieszkać (będzie mieszkał)?
4. Uczniowie pilnie będą się uczyć (będą się uczyli).
5. Wieczorem będę robić (będę robił(a)) zadanie domowe.
6. Będę iść (będę szedł (szła)) z nią do teatru.
7. Dziecko będzie mówić (będzie mówiło) matce wszystko.
8. Ojciec będzie kupować (będzie kupował) lalkę dla swojej córki.
9. Bardzo będziemy lubić (będziemy lubili (lubiły)) pić mocną herbatę.
10. Czy będziecie rozumieć (będziecie rozumieli (rozumiały)) ten tekst?

문제 2. 1. pojedzie 2. wstanę 3. dadzą 4. powiesz 5. wróci 6. zadzwonię 7. umyje 8. zrobicie 9. otworzą 10. kupi

제2부

제1강

문제 1. 1. Często przyjeżdżam do Seulu.
2. Zawsze wyjeżdżamy na wakacje w czerwcu.
3. Prawie zawsze dojeżdżamy do Poznania opóźnieni.
4. Zawsze zjeżdżam z tej góry na nartach.
5. Nieraz wjeżdżamy do miasta od strony zachodniej.
6. Zawsze przejeżdżamy Katowice koło ósmej.
7. Rzadko rozchodzimy się do domów przed północą.
8. Rodzice zawsze odjeżdżają przed Wielką Nocą.
9. Jeżdżę często ekspresem do Katowic.
10. Zawsze podchodzi pod samą bramę.

문제 2. 1. spędzą 2. będziemy brać 3. wprowadzi się 4. będę dzwonił/dzwonić 5. powiesz 6. kupisz 7. wyślę

문제 3. 1. b) 2. a) 3. b) 4. b) 5. a) 6. a) 7. b)

문제 4. 1. spędził 2. poznał 3. spotykali się 4. rozmawiali 5. chodzili 6. mieszkała 7. się skończyło 8. wrócił 9. pisał 10. odpisała

문제 5. 1. pojadę 2. zwiedzę 3. będę studiować(studiował) 4. nauczę 5. zacznę 6. będę pracować(pracował) 7. wrócę 8. ożenię się 9. zbudujemy 10. będziemy podróżować(podróżowali) 11. przeprowadzimy się 12. będziemy mieszkać(mieszkali)

제2강

문제 1. 1. jeżdżę 2. wychodzę 3. przychodzę 4. schodzisz 5. przychodzę 6. wyjeżdżam 7. odchodzę 8. przejeżdżam 9. chodzimy 10. wchodzę

문제 2. 1. roznosi 2. przybiegł 3. przeniosłem 4. podwiezie 5. przyniósł 6. wniósł 7. wynoszą 8. wywieźli 9. znieść 10. przywożą

문제 3. 1. wbiegło 2. obchodził 3. zeszli się 4. weszli 5. zejdzie 6. odpisał 7. doniosłem / doniosłam 8. dowoziłem/dowoziłam 9. schodzimy 10. wychodzić

제3강

문제 1. 1. krój 2. pomóż 3. wysyłaj 4. zdejm 5. uszyj 6. pal 7. kup 8. wyjeżdżaj 9. wyjmuj 10. sprzedawaj 11. przyjedź 12. zaproś 13. wieszaj 14. znajdź 15. wróć

문제 2. 1. Niech pan otworzy drzwi!
Otwórz drzwi!
2. Niech pani zamknie okno!
Zamknij okno!
3. Niech państwo powtórzą głośno!
Powtórzcie głośno!
4. Niech pani pisze receptę!
Pisz receptę!
5. Niech pani się rozbierze!
Rozbierz się!
6. Niech pan poda mi sól!
Podaj mi sól!
7. Niech panowie wejdą!
Wejdźcie!
8. Niech panie zdejmą płaszcze!
Zdejmcie płaszcze!
9. Niech panie ją o to zapytają!
Zapytajcie ją o to!
10. Niech panowie odpowiedzą na pytanie!
Odpowiedzcie na pytanie!
11. Niech państwo usiądą!
Usiądźcie!
12. Niech państwo patrzą na tablicę!
Patrzcie na tablicę!
13. Niech panowie uważają!

Uważajcie!

14. Niech pani zaświeci światło!

 Zaświeć światło!

15. Niech pani wyłączy telewizor!

 Wyłącz telewizor!

문제 3. 1. Otwórzmy okno! Nie otwierajmy okna!

2. Naucz się nowej lekcji! Nie ucz się nowej lekcji!

3. Zatrzymaj się przed tym budynkiem! Nie zatrzymuj się przed tym budynkiem!

4. Zabierz to z tej sali! Nie zabieraj tego z tej sali!

5. Zamów bilety do kina! Nie zamawiaj biletów do kina!

6. Podaj mi te notatki! Nie podawaj mi tych notatek!

7. Zawołaj Marię! Nic wołaj Marii!

8. Kup bułki! Nie kupuj bułek!

9. Przeczytaj cały tekst na głos! Nie czytaj całego tekstu na głos!

10. Porozmawiaj z nimi! Nie rozmawiaj z nimi!

11. Zaproście nas do siebie! Nie zapraszajcie nas do siebie!

12. Rozbierzmy się! Nie rozbierajmy się!

13. Umów się na randkę! Nie umawiaj się na randkę!

14. Zapiszcie ten numer! Nie zapisujcie tego numeru!

15. Przygotuj obiad! Nie przygotowuj obiadu!

문제 4. 1. Przeczytajcie tę pracę!

2. Wypij ten sok pomarańczowy!

3. Połóż lusterko na stole!

4. Kupcie tę książkę

5. Niech państwo napiszą podanie o pracę!

6. Niech pani ugotuje zupę ogórkową!

7. Niech pan umyje samochód Jurka!

8. Niech panowie powtórzą gramatykę języka polskiego!

9. Pokażmy mu tę drogę!

10. Włóż jasny garnitur!

문제 5. 1. weźmy 2. jedźmy 3. zjedzmy 4. wypijmy 5. porozmawiajmy 6. wróćmy 7. chodźmy 8. obejrzyjmy 9. pospacerujmy 10. spotkajmy się

제4강

문제 1. 1. wyjechałbym/wyjechałabym 2. kupiłby 3. leczyłaby 4. oglądalibyśmy 5. zrozumiałby 6. zdążylibyście 7. czytałbyś 8. poczekałabyś 9. umiałybyście 10. wiedziałbyś 11. dostałbyś 12. uszyłabyś 13. pojechałbyś 14. opowiedziałbym 15. zwiedziłabyś 16. zrobiłabyś 17. tęskniłbyś 18. upiekłybyście 19. kupiliby 20. zobaczylibyśmy

문제 2. 1. Gdyby rodzice puścili go sam, wyjechałby na wakacje.
2. Gdybym wiedział, powiedziałbym panu o tym.
3. Gdyby był twój rozmiar, kupiłbym/kupiłabym ci mundurek szkolny.
4. Gdyby chcieli, zaprowadziłbym/zaprowadziłabym państwa do „Jamy Michalika".
5. Gdybym wrócił poźniej, zadzwoniłbym/zadzwoniłabym do ciebie.
6. Gdybyś zaprosił ich na urodziny, przyjechaliby do ciebie.
7. Gdyby ktoś im przetłumaczył, przeczytaliby ten artykuł prasowy.
8. Gdybyś się przekonał/przekonała, zmieniłbyś/zmieniłabyś zdanie.
9. Gdybyście kupili/kupiły bilety, poszedłbym/poszłabym z wami z przyjemnością na koncert.
10. Gdybym kupił/kupiła nowy samochód, pojechalibyśmy/pojechałybyśmy do Czech.
11. Gdyby było zimno, wypiłbym/wypiłabym piwo czarne.
12. Gdyby odpisała mi, napisałbym do niej.
13. Gdyby go u nas wyświetlali, poszlibyśmy/poszłybyśmy na ten film.
14. Gdybyś mi akompaniował, zaśpiewałbym/zaśpiewałabym tę piosenkę.
15. Gdybyś przyniósł/przyniosła ciastka, zrobiłbym/zrobiłabym ci herbatę.

문제 3. 1. Zjadłbym 2. Poszłabym 3. Pomógłbym 4. Napilibyśmy się 5. mógłbyś 6. mogliby 7. Pojechałbym 8. Dałabym

제5강

문제 1. 1. Czytając czasopismo słuchałem równocześnie muzyki.
2. Zmieniając adres nie powiadomiłem o tym nikogo.
3. Słuchając ich zwierzeń starał się je zrozumieć.
4. Leżąc na plaży czytałem gazetę.
5. Ciesząc się z pana sukcesu życzę panu dalszego powodzenia.

6. Wiedząc o moim spóźnieniu zaczął wykład trochę później.
7. Spacerując po łące upajały się zapachem kwiatów.
8. Patrząc na zegarek czekałem na kolegów.
9. Stojąc przy tobie milczała.
10. Jedząc kolację rozmawialiśmy.

문제 2. 1. Przeprowadziwszy się do innego mieszkania zmienili styl zycia.
2. Zaoszczędziwszy pieniądze zaczął rozglądać się za nowym domem.
3. Wszedłszy do sali zaświecił światło.
4. Przeczytawszy tę gazetę odpowiedział na jej pytania.
5. Rozejrzawszy się dookoła wyszła z sali.
6. Podpisawszy ten dokument wrócił do domu.
7. Zapytawszy głośno czekał na odpowiedź kolegów.
8. Przyniósłszy dobre wino poprosił gości do środka.
9. Przeczekawszy deszcz zszedł dalej z góry.
10. Nauczywszy drugiej lekcji do końca profesor wyszedł z tej sali.

문제 3. 1. Przeczytawszy książkę napisaną przez specjalistów, wyrwał resztki włosów z głowy.
2. Zdawszy egzamin, wyrzucił wszystkie notatki.
3. Jedząc obiad, myślę już o kolacji.
4. Mając katar, nie palę papierosów.
5. Oglądając filmy o wojnie, rozmawiałem z moją babcią.
6. Przyniósłszy wszystkie walizki, przypomniał sobie, że nie zabrał najważniejszej.
7. Zrobiwszy zakupy na kolację, udałem się do baru na obiad.
8. Wszedłszy do domu, zaraz zaczęli się kłócić.
9. Idąc przez rynek, zauważyliśmy wielkie zmiany w zachowaniu ludzi.
10. Nie mając żadnego zajęcia, więc poszedł spać

제6강

문제 1. 1. umyte auto 2. idący pracownik 3. otwarte drzwi 4. płonący gęsty las 5. opowiedziana historia 6. uszyta spódnica 7. grające radio 8. gotująca się czysta woda 9. śpiewające małe ptaki 10. umyta drewniana podłoga w kuchni 11. wyrwany zepsuty ząb 12. ta wybita szyba 13. stojący wysoki chłopak 14. wrzucony list od kolegi 15. dopalające się świece 16. tonący biedny człowiek 17. marznący śnieg 18. lądujący wielki samolot 19. napisana piękna kartka na Boże Narodzenie 20. hamujący samochód Marka

문제 2. 1. Nie lubię dziecka płaczącego ciągle.
2. Spotkałem studentów podrózujących pieszo.
3. Martwisz się córką pijącą alkohol za dużo.
4. Chłopak czekający przed domem jest naszym kolegą.
5. Szeroka rzeka wpadająca do Bałtyku, to Wisła.
6. Widzę psa przechodzącego przez pasy.
7. To jest człowiek umiejący naprawić radio.
8. Czekam na kolegów przyjeżdżających z Korei.
9. Chciałbym pożyczyć książki oddane do biblioteki.
10. Przy drzwiach siedzi mężczyzna mający niebieskie oczy.
= Przy drzwiach siedzi mężczyzna o niebieskich oczach.

제7강

문제 1. 1. Jego dzieci często były chwalone przez ojca za dobre wyniki w nauce.
2. Zostałam zrozumiana źle przez matkę.
3. Wszystkie spódnice zostały podarte przez nich.
4. Uniwersytet Jagielloniski wtedy został założony przez Króla Kazmierza Wielkiego.
5. Obiad został przygotowany na godzinę dwunastą przez niego.
6. Para spodni zostanie wyprana przeze mnie.
7. Nagroda Nobla została otrzymana przez Szymborską.
8. Głodne małe psy były karmione przez nich.
9. Wszystkie kartki w zeszycie zostały podarte przez uczniów.
10. Te teksty zostały poprawione na godzinę przez profesora.
11. Wszystkie meble z tej sali zostały wyniesione już przez nich.
12. To zostanie położone pod choinką przez ciebie.
13. Smaczne ciasto zawsze jest pieczone przez moją babcię.
14. Bagaże zostały przeniesione do jej pokoju przez niego.
15. Wszystko zostanie przepisane bardzo dokładnie przez nią.
16. Telefony zostały założone w mieszkaniach tego budynku pzez niego.

17. Jej książka zostanie przetłumaczona na język koreański przeze mnie.
18. Ręce jej syna są myte przez matkę.
19. Telewizor został włączony po kolacji przez syna.
20. Świeże owoce już zostały zerwane przez nich.

문제 2. 1. Polski solista wykonał koncert.
2. Znani chirurdzy operowali koleżankę.
3. Znani opracowali ten projekt.
4. Ludzie przeczytali tę powieść.
5. Koreańczycy budują nowoczesny hotel.
6. Gospodyni zaprosiła gości.
7. Policjanci zatrzymali złodziejów.
8. Roman przetłumaczył dobrze tę książkę.
9. Profesor prowadził wykłady.
10. Polska Telewizja będzie transmitować konkursy fortepianowe im. Fryderyka Chopina.

제8강

문제 1. 1. się obudziła 2. się ubierają 3. się kładzie 4. się piorą 5. się drukują

문제 2. 1. zamknęło się, zamknął 2. zaczął się, zaczął 3. rozlała się, rozlał 4. kończyły się, kończyła 5. otworzyły się, otworzył

문제 3. 1. Tomek i Jego starszy brat się nienawidzą.
2. Dziadek i babcia się rozumieją.
3. Jakiś chłopak i jego znajomy się biją.
4. Kasia i Adaś się nie cierpią
5. Jacek i Marta się często odwiedzają.

제9강

문제 1. 1. On powiedział, że potrafi mówić po polsku.
2. Jacek powiedział, że pójdzie jutro do teatru.
3. Magda powiedziała, że nie ogląda telewizji.
4. Młodsza siostra powiedziała, że już robi kawę.
5. Powiedziałem/Powiedziałam, że mam prawo jazdy.
6. Mąż powiedział, że nie ma odpowiednich biletów.

7. Spiker powiedział, że pociąg się spóźni za dziesięć minut.
8. Piotr powiedział, że mieszka w Seulu.
9. Koleżanki powiedziały, że nie znają Krakowa.
10. Współmieszkańcy powiedzieli, że w niedzielę idą na przyjęcie.
11. Nauczyciel powiedział, że on jest mądrym studentem.
12. Studenci powiedzieli, że nie zdali egzaminu.
13. Krewne powiedziały, że przyjadą w środę.
14. Studentki powiedziały, że są bardzo zdolne.
15. Żona powiedziała, że nie kupi mi samochodu.
16. Adaś powiedział, że nie zadzwoni do jego sąsiada.
17. Adam powiedział, że nie zna mojego numeru telefonu.
18. Ojciec powiedział, że jego syn studiuje historię.
19. Przyjaciel powiedział, że nie lubi mojego kota.
20. Współmieszkańcy powiedzieli, że będą się uczyć przez cały tydzień.

문제 2.
1. Matka zapytała córkę, co chce studiować.
2. Współmieszkańcy zapytali nas, czy pojedziemy nad morze.
3. Kolega zapytał mnie, czy spotkamy się jeszcze.
4. Nauczyciel zapytał studentów, czy oni byli na Niemczech.
5. Marek zapytał Janusza, czy umie grać w koszkówkę.
6. Koleżnka zapytała sąsiadów, czy oni się rozwiedli.
7. Wnuczka zapytał dziadków, czy nie zmienią decyzji.
8. Policjant zapytał przechodnia, jak to się stało.
9. Przyjaciółka zapytała mnie, czy chcę zmienić pracę.
10. Koledzy zapytali nas, czy słuchaliśmy tej muzyki.
11. Pani Kowalska zapytała pana Kowalskiego, która godzina.
12. On zapytał jego narzeczoną, czy wyjdzie za niego.
13. Profesor zapytał studentów, dlaczego się spóźnili
14. Andzej zapytał mnie, gdzie mieszka Basia
15. Zapytałem kolegę, czy zna język japoński.
16. Dyrektor zapytał sekretarkę, dokąd wyjechały jej dzieci.
17. Lektorka zapytała nas, czym się interesujemy
18. Sprzedawca zapytał kobietę, czy prowadzi jej samochód.
19. Zapytała jej narzeczonego, czy on ją kocha.

20. Wnuk zapytał babcię, czy może zostać u niej.

문제 3. 1. Mąż prosił żonę, żeby nie jadła tyle czekolady.

2. Janek prosił mnie, żebym pożyczył / pożyczyła mu pieniądze.

3. Anna prosiła Jacka, żeby zwrócił jej książki.

4. Prosiłem/Prosiłam was, żebyście odpisali/odpisały na mój list.

5. Prosiłam go, żeby ozenił się ze mną.

6. Prosiłem/Prosiłam was, żebyście były grzeczne.

7. Prosił was, żebyście nie palili/paliły tak dużo.

8. Matka prosiła syna, żeby nie chodził do sklepu.

9. Prosiłem/Prosiłam Marię, żeby zaczekała na mnie po zajęciach.

10. Żona prosiła męża, żeby zapłacił rachunek.

11. Prosiłem/Prosiłam ich, żebyśmy szli na ten koncert.

12. Kolega prosił was, żebyście wyjechali/wyjechały na wakacje.

13. Koleżanka prosiła mnie, żebym przeczytał/przeczytała ten artykuł.

14. Ojciec prosił Marka, żeby zachowywał się grzecznie.

15. Narzeczona prosiła narzeczonego, żeby kupił jej samochód na urodziny.

16. Siostra prosiła Anię, żeby ona pomogła jej posprzątać mieszkanie.

17. Matka prosiła syna, żeby nie jadł zbyt szybko.

18. Ojciec prosił córkę, żeby nie spotkała się z tym chłopcem.

19. Dziadek prosił babcię, żeby wyszła na spacer z psem.

20. Syn prosił matkę, żeby nie krzyczała na niego.

제10강

문제 1. 1. pisze się 2. kupuje się 3. pije się 4. wyjeżdża się 5. je się 6. buduje się 7. gotuje się 8. mówi się 9. spotyka się 10. mówi się 11. ogląda się 12. słucha się 13. jeździ się 14. robi się 15. idzie się

문제 2. 1. Kupiono nowe meble dla dzieci.

2. Zamówiono wam nocleg w hotelu studenckim.

3. Powiadomiono o tym kierownika.

4. W dziekanacie rozmawiano z nami długo.

5. Przerwano pracę.

6. Na inauguracji nowego prezytenta odegrano hym.

7. Wymyto wszystkie samochody dla gości.

8. Zauważono zmiany rytmu serca.

9. W tym mieście otwarto/otworzono nowy szpital.

10. Przesłuchano całe kolędy na płytach.

11. Odkryto w Krakowie średniowieczny obraz.

12. Przekazano internautom tę złą wiadomość.

13. Przesunięto meble w pokoju.

14. Co wieczór zapalano świeczki.

15. Przeczytano nagrodzoną książkę.

16. Nie dokończono rozmowy na temat reformy.

17. Wybito szybę w tym pokoju.

18. Wycięto dużo drzew.

19. Przetłumaczono wiersze Szymborskiej.

20. Wydano nowe powieści.

문제 3. 1. mi 2. mu 3. jej 4. mi 5. ci 6. nam 7. mi 8. mi 9. mi 10. mi

문제 4. 1. mnie 2. mi 3. mi 4. mi 5. mnie 6. różami 7. uszach

제11강

문제 1. chcieć

1. chcą / chcieli 2. chcemy / chcieliśmy / chciałyśmy 3. chcesz / chciałeś / chciałaś 4. chcę / chciałem / chciałam 5. chcecie / chcieliście / chciałyście

móc

1. możemy / mogliśmy / mogłyśmy 2. może / mogła 3. mogą / mogły 4. możecie / mogliście / mogłyście 5. mogę / mogłem / mogłam

musieć

1. muszą / musieli 2. musisz / musiałeś / musiałaś 3. muszą / musieli 4. musicie / musieliście / musiałyście 5. muszę / musiałem / musiałam

문제 2. 1. powinienem 2. powinieneś 3. powinien 4. powinna 5. powinno 6. powinniście 7. powinnyśmy 8. powinny 9. powinni 10. powinni

문제 3. 1. warto 2. można 3. trzeba 4. można, trzeba 5. można 6. wolno 7. trzeba 8. trzeba 9. można 10. warto

제12강

문제 1. 1. oglądanie 2. milczenie 3. mycie 4. bicie 5. zabrania 6. picia 7. obejrzenia

8. powiedzenia 9. zrobieniu 10. obudzeniu się 11. wyjście, zejście 12. gadanie 13. oddania 14. czytania 15. wypiciu 16. zjedzeniu 17. wychylanie się 18. stracenia 19. skończeniu 20. palenie

문제 2. 1. wjazd 2. podjazd 3. wyjazd 4. odjazd 5. instalacja 6. emigracja 7. publikacja 8. organizacją 9. dekoracja 10. lokalizację

제13강

문제1. 1. Nikt nie myśli o egzaminie ustnym.
2. Ich jeszcze nigdzie nie było i nic(niczego) nie załatwili.
3. Żadna dziewczyna nie lubi rozmawiać o literaturze.
4. Żaden chłopiec nie chciałby być taki jak Marek.
5. Nigdy nie można jej zastać w domu.

제14강

문제1. 1. choć/chociaż 2. jeśli/jeżeli ... 3. bo, ponieważ 4. jeśli/jeżeli ... 5. zaś, natomiast ... 6. ale, jednak, tylko że... 7. wobec tego, dlatego, więc 8. mianowicie, to jest, to znaczy ... 9. albo, lub, bądź ... 10. choć, chociaż ...

문제2. 1. Pomagam matce, [chociaż/choć] jestem zmęczony.
2. Nie ożenię się, [jeżeli/jeśli] rodzice się nie zgodzą.
3. Nie możemy pisać, [bo/dlatego że/ponieważ] nie mamy długopisu.
4. Ona weszła do sklepu, [ale/lecz/jednak] niczego nie kupiła.
5. Ojciec czyścił pościel [i/oraz/, a także] mył swój samochód.
6. Dwa lata temu on mieszkał w Krakowie, [i/więc/wobec tego] dobrze zna pana Gabrielskiego.
7. W internetowym sklepie spożywczym można kupić taniej kilka rzeczy, [czyli/słowem/innymi słowy/to znaczy] napoje, słodycze, makaron i ryż.
8. Oni byli na spacerze, choć/chociaż padał dużo śniegu.
9. Jeśli pani chce wiedzieć, mogę powiedzieć.
10. Ona jest wysoka i szczupuła, [a/zaś/natomiast] jest niski i tęgi.

제15강

문제 1. 1. żeby 2. żebyście 3. żebym 4. żeby 5. żeby 6. żebyś 7. żebyś 8. żebym 9. żeby 10. żebyście 11. żeby 12. żeby 13. żeby 14. żeby 15. żebyście

문제 2. 1. Nie sądzę, żebym przyjechał przed południem.
2. Nie myślę, żeby one wam pomogły.
3. Nie uważam, żeby Piotr był przystojny.
4. Nie obawiam się, żeby przyszedł do domu pijany.
5. Niemożliwe, żebyśmy skończyli zajęcia w marcu.
6. Nie przypuszczam, żebyśmy spotkali się za tydzień.
7. Nie wierzymy, żebyś w następnym miesiącu do nas wrócił.
8. Nie sądzę, żebyśmy wyjechali nad rzekę.
9. Nie boję się, żeby się we mnie zakochał.
10. Nie wydaje mi się, żeby mówił szczerze.

제16강

문제 1. 1. Znam człowieka, który umie na pamięć całego "Pana Tadeusza".
2. Mój znajomy załatwił tę sprawę, z którym byłem na wczasach.
3. Zobaczył kibiców, którzy przeszli ulicami miasta.
4. Nie chciała pojechać do tego budynku, gdzie jej mąż też pojechał.
5. Wczoraj cała rodzina zjechała się do domu ojca, kiedy mój brat wrócił z Paryża.
6. Tomek odwiedził Marię, która tak go polubiła.
7. Zrobię to, co każesz.
8. Dom, do którego weszli, był odnowiony.
9. Pamiętam ten dziwny dzień, kiedy poszłam po raz pierwszy do pracy.
10. Mógł sobie przypomnieć to zdarzenie, co / które mnie trochę zdziwiło.

Bibliography

Kaleta, Zofia (1995) *Gramatyka języka polskiego dla cudzodziemców*. Kraków: Nakładem Uniwersytetu Jagiellońskiego.

Kozak, Kinga & Pyzik, Józef (1994) *Ćwiczenia z gramatyki funkcjpnalnej języka polskiego dla cudzoziemców część I Czasownik*. Kraków: Nakładem Uniwersytetu Jagiellońskiego.

Lipińska, Ewa (2009) *Umiesz? Zdasz!* Kraków: Universitas.

Mędak, Stanisław (1995) *Język polski à la carte.* Kraków: Nakładem Uniwersytetu Jagiellońskiego.

Mędak, Stanisław (2002) *Co z czym?* Kraków: Universitas.

Pasika, Małgorzata (2001) *Języka polskiego dla cudzodziemców,* Wrocław.

Pyzik, Józef (2005) *Iść czy jechać?*. Kraków: Universitas.

Pyzik, Józef (2006) *Przygoda z Gramatyką*. Kraków: Universitas.

폴란드어 문법 개정증보판

초판 1쇄 2013년 2월 25일
개정판 1쇄 2016년 2월 25일
증보판 1쇄 2020년 2월 6일
증보판 2쇄 2022년 2월 4일
증보판 3쇄 2025년 8월 29일

지은이 김지영, 고승희
발행인 박정식
기획 신선호
편집장 장혜정
도서편집 박미현
디자인 고지연
출판행정 김가은
경영기획 김세희
인사행정 유빈
재무회계 곽순석 김세아
캐릭터 김세원
발행처 한국외국어대학교 지식출판콘텐츠원
02450 서울특별시 동대문구 이문로 107
전화 02)2173-2493~7
FAX 02)2173-3363
홈페이지 http://press.hufs.ac.kr
전자우편 press@hufs.ac.kr
출판등록 제6-6호(1969. 4. 30)
인쇄·제본 (주)케이프린텍 02-2272-1084

ISBN 979-11-5901-669-1 [13790] 정가: 24,000원

* 잘못된 책은 교환하여 드립니다.

HU:iNE은 한국외국어대학교출판부의 어학도서, 사회과학도서, 지역학 도서 Sub Brand이다. 한국외대의 영문명인 HUFS, 현명한 국제전문가 양성(International+Intelligent)의 의미를 담고 있으며, 휴인(携引)의 뜻인 '이끌다, 끌고 나가다'라는 의미처럼 출판계를 이끄는 리더로서, 혁신의 이미지를 담고 있다.